パリジェンヌより綺麗になる！

秘密のスキンケア

皮膚科専門医
岩本麻奈

西村書店

プロローグ

世界一美しい日本女性の肌。
足りないのは、ほんのひと匙(さじ)の
センシュアルなエッセンス

　ボンジュール！　皮膚科専門医のマナティこと岩本麻奈です。
　本書では、20年間近く日本とフランスを行き来し、世界各地で女性の肌に触れてリサーチを重ねてきたわたくしが到達した、日本女性が本当に美肌になれるためのスキンケア法をご紹介します。

　この本でみなさんにご紹介した美容法は、一般のものとは少し……いいえ、大いに違っているかもしれません。
　世界中の女性の肌をつぶさに観察してきたわたくしの目から見ると、日本女性の肌の美しさは間違いなく世界一です。日本においては、ごく一般的な女性でも美容への感度が高く、化粧品とスキンケアにかけるお金と時間は、美の代名詞とされるパリジェンヌをはるかに上回っています。
　それなのに、なぜかトータルな美しさではパリジェンヌにどうしてもかないません。みずみずしい肌の日本女性が「毛穴が開いている」とか「もっと色白になりたい」など、なかなか自信が持てないのとは逆に、パリジェンヌたちは肌が乾燥して粉を吹いていても、背筋が伸び堂々としていて「セクシーだね」と男性たちから賞賛の声と眼差しを一身に浴びるのです。
　こんなに恵まれた美しい肌なのに「本当にもったいない！」と、やまとなでしこのひとりとして、いつも悔しい思いをしておりました。

　本書において、わたくしは、日本女性がパリジェンヌより一歩も二歩も先を行く美しさを手に入れるためのストラテジー（戦略）と

して、"センシュアル"をベースにしたスキンケアやライフスタイルを提唱いたしました。

"sensual＝センシュアル"とは、senseの「感覚」「良識」といった意味が内包されている言葉で、「官能的」と訳されることもあります。「官能的」という響きから、"sexual＝セクシュアル"という類語が思い浮かぶかもしれません。でも、"セクシュアル"は外見の印象や性的なバイアスが強く、魅力のタイプは範囲が狭く、"美味しいけれど足が速い"つまり、あくまで鮮度の勝負になります。それに比べ、センシュアルは官能的でありつつも、感性と知性を磨くことで、鮮度にかかわらず内面の魅力で人を惹きつけるという別のコアをもっています。

　年齢や体型、性別といった外面的な要素を凌駕し、「ずっと一緒にいたい」と思わせるエターナルな輝きを放つのが、"センシュアル"なのです。

　パリジェンヌが魅力的なのは、センシュアルな生き方が日常に浸透しているからに違いありません。フランス語はその文法構造からして非常に論理的な言語であり、ヨーロッパ有数の哲学教育で定評のお国柄です。男女を問わず、おしゃべりは論理的かつ哲学的で、最初は驚いたものです。知的でエスプリに富んだ会話ができることは、フランス女性にとって魅力形成にはマストの条件となっています。

　日本ですと知的な女性はしばしば敬遠されがちですが、フランスでは教養あふれる女性は男性に大変モテます。フランスの政界では閣僚同士の恋愛もお盛んです。メディアでも大したスキャンダルにならないのが驚愕ものですね。

　周囲の目を気にせず、本能や直感に従うセンシュアルな行動力も、パリジェンヌならではの"蛮勇"です。デートではスタイリングした髪をわざと崩し、服装もキメキメではなくダメージ・デニムで現れ、片や、ソワレではとびきりエレガントなドレスで驚かす。セン

4

シュアルなしぐさや振る舞いは、恋の駆け引きのためのポートフォリオにあふれています。

　日本で暮らすみなさんが、いきなり外見だけパリジェンヌをまねるというのは得策ではありません。例えば、胸のあいた服などを着て、香水プンプンで迫っても「熱でもある？」とドン引きされるだけです。日本女性がいっそう輝くために身につけるべきセンシュアリティとは何か？──ここはひとつ、態勢を整え、「がんばらなくっちゃ！」なのです。

　まず、気配りやおもてなしの心といった日本女性の美点はそのままに、パリジェンヌのセンシュアルなエッセンスをほんのひとふり日常生活に加えてみてください。一生のうちでスプーンひと匙しか分泌されないのに絶大な効果を発揮する性ホルモンと同じくらい威力があります。ほんの少しでも、本質的で根源的（エッセンシャル）なところからあなたに作用するのです。

　日本女性の美の偏差値は徐々に向上して、そう遠くない将来には、パリジェンヌたちを抜き去るのは確実です。なぜなら、私たち日本女性は、世界ナンバー・ワンといわれる美肌に、高度に成熟した官能文化の記憶が刻まれた DNA を授けられているのですから。

　本書のエピローグで、わたくしは「美は表象ではなく意志である。── Beauty is not an image, but a will.」と述べました。

　実践しましょう、ことばは力です。力をもつことばによって、センシュアルなスキンケアやライフスタイルが、みなさんの恋愛や仕事、人生をより幸せで豊かなものへと導いてくれるに違いありません。

　"Where there is a will, there is a way."「意志あるところに道は通ず」さぁ、ご一緒いたしましょう！

岩本麻奈

CHAPTER 1
パリジェンヌに学ぶセンシュアル・ビューティー

1 肌のハリ？ 毛穴？
　それよりも気になるのは"さわり心地"ね 12

2 シミ、そばかすも個性のうちよ 14

3 ランジェリーが決まれば、あとの洋服選びは簡単なの 16

4 メイクに1時間かけるなんて、毎日特殊メイクでもしているの？
　私なら、その時間を本を読むことに使うわ 18

5 愛があるから大丈夫？ ノン、その表現方法が問題なの 20

6 女子会？ 男性のいないディナーなんて考えられないわ 22

7 パリジェンヌが魅力的でいられるのは、
　フランス男性のおかげなの 24

8 流行りの香水なんて興味ないわ。
　香りは自分だけのものだから 28

9 きみのファンタズムは何？ ぼくは…… 30

10 美の秘訣は、コントロールしようとしすぎないことね 32

CHAPTER 2
パリジェンヌは3品しかコスメを使わない!?

1 本当に肌が必要とするコスメは、五感で選ぶ 36

2 本当にそろえるべきコスメは何品か 38

3 「肌タイプ」から自由になる 40

4 パリジェンヌのコスメ選びはコンサバティヴ 42

5 皮膚科医が本気で勧める美容成分 44

6　オーガニックでもケミカルでも自分が好きなものを使う　48
7　クレンジング剤・洗顔料へのこだわり方を間違えないで　50
8　「保湿ケア」は化粧水以外のアイテムにお金をかける　52
9　UVケアアイテムは、SPFとPAに注目　54

CHAPTER 3
肌が本当に悦ぶセンシュアル・スキンケア

1　スキンケアとの上手な付き合い方　58
2　トラブルが増える「春」のお手入れはシンプルに！　60
3　「夏」は、UVケアと乾燥対策を重視！　62
4　「秋」は、紫外線ダメージをいかに回復させるかがカギ　64
5　「冬」は洗顔と保湿を見直して　66
6　クレンジング・洗顔は「温度」と「順番」がすべて　68
7　そもそも「保湿」ってどういうこと？　70
8　保湿ケアは化粧水と油分で　72
9　化粧水は「コットン」か「手」か　74
10　油分は「タイミング」が命　76
11　美容液・乳液・オイル・クリームはこう使う　78
12　UVケアは"量"がポイント　80
13　1分でOK！　むくみやたるみに効く「巡活マッサージ」　82
14　スペシャルケアは本当に特別なときだけ　88
15　色気は「女の生理」がつくる　92
16　生理ダイアリーをつけてみる　94
17　美容医療を賢く使う　96
18　お手入れは「朝」より「夜」を重視する　98

CHAPTER 4
思わず触れたくなる肌と髪をつくる
センシュアル・ボディケア

1. パリジェンヌが熱心なのはフェイスケアよりボディケア 102
2. 「ついでケア」で手に入れる美しい上半身 104
3. 女っぷりを上げる角質ケア 106
4. マッサージとオイル使いが決め手の美脚ケア 108
5. "老け"を追い出すハンド&ネイルケア 110
6. 日本女性の美髪をつくるヘアケア 112
7. ぷるぷるうるうるの唇をつくるリップケア 114
8. 彼との愛が深まる入浴法 116
9. 顔と同じお手入れが必要！ アンダーヘアのケア 118
10. オトナ女子のたしなみ♡ デリケートゾーンのケア 120
11. 愛を長もちさせるカップル・マッサージ 122

CHAPTER 5
肌トラブル&エイジングとゆるやかにつきあう

大人ニキビ
1. 「かわいそうに、疲れてるの？
　　こんなところにニキビができて……」 128

乾燥
2. 「あれ？ 肌が粉ふいちゃってるけど、どうしたの？」 130

シワ
3. 「笑うとできるその目じりのシワ、たまらなく色っぽいね」 132

たるみ
4. 「ポニーテール似合ってるね！
　　なんだか今日はすっきりした顔してる」 134

シミ
5. 「シミだって可愛いよ♡
　　（でも、ちょっと目立つ……かな？）」 136

　　　　くすみ
6 「大丈夫？　顔色が悪いみたいだけど……」 138
　　　　クマ
7 「もしかして、パソコンのやりすぎ？　今日は早く寝ようね」 140
　　　　専門医①
8 「セルフケアで治らないなら、専門家に相談したら？」 142
　　　　専門医②
9 「その美容皮膚科医って男？　まさか、口説かれてないよね」 144

COLUMN

パリジェンヌのリアル恋愛事情　26
美肌を誇る日本女性が、世界最強の美を手に入れるには？　46
究極のスキンケアは、やっぱり恋愛。そして視線　90
パリジェンヌの"励まし合いプチ断食"　124

© Léa Tanaka

CHAPTER 1

パリジェンヌに学ぶ
センシュアル・ビューティー

CHAPTER1-1

肌のハリ？ 毛穴？
それよりも気になるのは
"さわり心地" ね

　日本女性なら誰もが気になる「肌のハリ」や「毛穴の開き」。若々しさの象徴でもある、みずみずしく張りのある毛穴レスの肌に憧れない女性はいないはず……なのですが、私の周りの若いパリジェンヌたちに「肌のハリ」「毛穴」について質問してみると、誰もが不思議そうな顔で冒頭のセリフを口にします。彼女たちの辞書に「肌のハリ」という言葉はないようです。ただ、毛穴については少々気にするパリジェンヌも増えてきたようで、最近のコスメのパッケージには"毛穴ケア"の文字を見ることも多くなりました。

　10代のころは磁器のような美しい素肌をもつ彼女たちですが、ヨーロッパの乾燥した気候、凹凸のはっきりした骨格などもあい

まって、30代も半ばを迎える頃になるとキメの粗さや深いシワが目立ってきます。湿潤な気候とキメの細かい肌質に恵まれている日本人と比べて、パリジェンヌたちは「肌は衰えるもの」と達観しているのです。

　その代わり、"さわり心地の良さ"を重視するのがパリジェンヌ流。それは、頬と頬を合わせてチュッチュッと唇を鳴らすフランス流あいさつ、ビズの習慣があるからでは？、というのが私の見立てです。相手の肩や腕に触れながら頬を合わせる。恋人同士なら、ビズのたびに抱き合い唇を合わせる。そんな肉体的接触を日々繰り返すことで、おのずと「やわらかく、しっとりとしたさわり心地」という皮膚感覚、そして香り立つよい匂いを大事にしているのかもしれません。

「ビズのとき、相手が異性や気になっている人だとドキドキしないの？」と、よく日本人の友だちから聞かれるけど、ビズはあくまで"あいさつ"。いちいちドキドキしてたら身がもたないわ。

パーティーのあとも、別れ際に一人ひとりにビズしておしゃべりするから、なかなか帰れなくて、面倒だと思うことも正直あるの。でも、小さい頃からの習慣だから、もう慣れっこよ。

CHAPTER1-2

シミ、そばかすも 個性のうちよ

　パリの街角で見かけるパリジェンヌは、みんな驚くほど薄化粧です。コンシーラで簡単に隠せる薄いシミやソバカスも、そのままにしています。特にソバカスは、どうも"色白の証拠、逆にあったほうがチャーミング"と捉えられている節があります。ちなみにホクロはフランス語で、「美の豆（粒）＝ grain de beauté(グランドゥボーテ)」。本気のチャームポイントなのです。

　シミやシワは年齢を重ねるごとに増えていきますが、パリジェンヌは自分らしい着こなしや香り、人を楽しませる会話術、品格ある色香など、センシュアルな魅力を増やしていくことで、「こんなシミくらいじゃ、私の魅力は損なわれないわ」と自分に自信を持っています。
　彼女たちは知っているのです。美はトータルで勝負するものだと。
　こうした自信の根拠になっているのは、移民の国といわれるフランスの「多様性(ダイバーシティ)」。肌の色も違えば髪や目の色もさまざまなため、美の基準もまちまちです。だからこそ、人との違いを気にせずに済み、「これが私」と胸を張ることができるのだと思います。

それに比べて日本女性は肌、髪、目の色がほぼ同じ。だからこそ、他人とのちょっとした差異が気になり、欠点を隠そうと躍起になってしまうのも、いたしかたない面があるのです。細部にまで目が行き届くこうした繊細さは、日本人の美点です。ただし、肌に関しては「ほどほど」にとどめておくに限ります。

　肌のアラが気になるときは、「顔」だけではなく、「全身」が映る鏡の前へ移動し、全体を見て判断することをおすすめします。一部だけをクローズアップすると「うわっ、こんなに毛穴が開いている！」と感じますが、全体のバランスの中では「大海の一滴」程度のもの。むしろヘアや着こなし、姿勢こそが重要条件であるということが自覚できるでしょう。

日本女性は肌がきれいでうらやましい！　でも、いくら紫外線対策になるからって、やけに大きなサンバイザーをかぶったり、黒い腕カバーをしようとはゼッタイ思わないわ。そんなことしたら、男性に声をかけてもらえないじゃない（笑）。

10年後の肌を気にして自分にタブーを課すよりも、今ここを存分に味わい尽くすのが私たち、パリジェンヌ。たとえ、シミやシワが増えてもね。それに将来、美容医療が急速に発達して、簡単に若返るようになれちゃうかもよ！

CHAPTER1-3

ランジェリーが決まれば、あとの洋服選びは簡単なの

シネマのヒロインさながらの着こなしが素敵なパリジェンヌ。どうやって休日のスタイルを決めているのでしょうか。彼女たちいわく、洋服選びは「まず、ランジェリーありき」。つまり、パリジェンヌの一日は、ランジェリー選びから始まるというのです。

朝、目覚めたときの気分で、最初に身につけるランジェリーが決まります。上品に異性を誘惑したいなら艶めくサテン、クリーンな雰囲気で迫るなら純白のコットン、ちょっと刺激がほしいなら前開きのスリップや透ける素材etc……。ランジェリーさえ選べば、靴や洋服、ヘアメイクはもう決まったも同然、というのが彼女たちの言い分です。

つまり、愛する人、あるいはこれから出会う未来の恋人とのベッドタイムをイメージして、そこから逆算してスタイリングを考えていくのです。たとえば、繊細なレースを使った透け感のあるエレガントなランジェリーなら、洋服はあえてデニムと黒タートルでラフに仕上げてギャップを演出する、といったようにストーリー性のあるスタイリングを楽しみます。

日本女性は、洋服を着ている自分がキレイに見えるよう、胸の谷間が作れたり、アウターに響かなかったりする補正効果の高い下着を選びがち。ですが、たまには「服を脱いだとき」から逆算したスタイリングに挑戦してみませんか？　いつもは控えめな日本女性が実践してこそ、男性をドキリとさせる効果は、高いのではないでしょうか。

　セクシーランジェリーもいいけれど、真の色香を身につけるには「ノーブラ」が一番！　パリジェンヌはあまり胸の大きくない人が多いから、ノーブラ派がけっこういるわ。映画監督のロジェ・ヴァディムは、「ランジェリーは、女を知らず知らずのうちに性的に鈍感にする」と、18歳の若妻ブリジッド・バルドーを裸で生活させ、彼女の官能性を開花させたんですって。

　そのあと付き合ったカトリーヌ・ドヌーブにも同じことを要求してたっていうから、困った男ね。でも、ノーブラの自分を意識することで、女性性が呼び覚まされ、女性ホルモンの働きが活発化されそう！　日本女性も、月に1回くらいはチャレンジしてみてもいいんじゃない？

CHAPTER1-4

メイクに1時間かけるなんて、毎日特殊メイクでもしているの? 私なら、その時間を本を読むことに使うわ

　洋画を観ているとよくわかりますが、欧米では男女ともに教養、知識、ユーモアを感じさせる"ちょっと気の利いた"会話ができることが、異性を惹きつける条件の上位に常にランクインしています。女性同士の恋愛を描き、カンヌ映画祭でパルムドール（最高賞）を受賞した『アデル、ブルーは熱い色』では、こんなシーンが出てきます。

　彼とのデートに向かう途中、女子高生のアデルは青い髪の美大生エマにひと目ぼれ。その後、レズビアン・バーで2人は再会を果たし、「一人で何してるの?」と尋ねるエマに、アデルは「偶然ここに」と答えます。そこで、エマが放ったセリフが「人生に偶然なんてないわ」というもの。若い女の子でも、こんな素敵な

18

会話が違和感なく交わせるのは、議論やレトリックを好むフランス人ならではです。

　こうした知性のバックグラウンドとなっているのは、間違いなく「読書」です。映画の中でもアデルやエマはファッションやメイクより、読書や絵を描くことに時間を使っていますし、メトロに乗ればスマホ全盛の現在でもペーパーバッグを読むビジネスマン、ビジネスウーマンをよく見かけます。セーヌ川沿いのベンチや公園では、本を片手にくつろいでいるパリジャン、パリジェンヌのなんと多いことか！　しかも書名を見ると、難解な哲学書や経済の専門書、ときに文豪の名作だったりするから驚きです。バカンス前になると、パリの書店は休みの間に読む本を探す人たちでにぎわいます。
　見た目だけにとらわれず、知識を養い、自分にとって有益なことに時間を使う「センシュアルな生き方」の源は、こうして育まれていくのです。

CHAPTER1-5

愛があるから大丈夫？
ノン、その表現方法が問題なの

　愛の国といわれるフランスでは、「夫婦間でセックスがなくなったら別れるべきだ」というのが基本的な考え方。結婚して何年も経った夫婦だけでなく、若いカップルでも男性の草食化やセックスレスが話題となる日本とは、まったく異なる価値観がそこにはあります。

　そもそも「相手を愛してさえいれば、その気持ちは言葉にせずとも自然に伝わる（たとえセックスをしなくても）」という以心伝心的な思考は、フランス人にはありません。ランゲージそのものと同等にボディランゲージもマストなのです。

　それだけに、男性も女性も、いつまでも性的魅力を保ち続けようと努力し、コミュニケーションを怠りません。「Tu es très jolie（すごくきれいだね）！」「その服、すごく似合ってるよ」と女性を褒めちぎることで知られるパリジャンですが、パリジェンヌも負けてはいません。たとえ2人の間に子どもがいても、パートナーを「パパ」と呼ぶ妻は皆無。「私の愛しい人（mon chéri）」、

「愛する人（mon amour）」、「くまちゃん（mon nounours）」、「私の宝もの（mon trésor）」と、愛をこめて相手を呼びます。たとえ彼に寝グセがついていようとも、イケメンカテゴリーからはずれていようとも「Tu es beau！（かっこいい！）」と賞賛の嵐。「確かに彼は美形ではないけど、人の価値は見た目だけで決まるわけではないわ」という確信が、彼女たちにはあるからです。

　さらには、人前でも平気で彼の膝の上に乗ったり、頬を撫でたり、肩にしなだれかかったりと、惜しみなく愛を表現するのがパリジェンヌ流。ホームパーティーなどでも、彼が飲み物を運んできてくれたらキス、トイレに立つときにキス、かと思えば友人と話している彼の膝にちょこんと乗る……など、人目を気にせずスキンシップを続けます。これはベッドタイムも同じ。「男性の欲望を刺激するなら、早朝が一番いいみたい。夜よりも、盛り上がるの」と、常に能動的であり続けます。確かに男性ホルモンの日内変動からすると、早朝の行為はたいへん理にかなっていると言われています。経験でそれを知っているパリジェンヌはさすが、のひと言です。

　彼女たちの努力は具体的でストレート。奥ゆかしさは日本女性の武器ではありますが、こと愛情表現やコミュニケーションについては、まだまだ努力の余地がありそうです。

（寝るときには何を着ていますか？　という質問に対し）

「恋人の腕」

ブリジット・バルドー／女優・動物保護活動家

CHAPTER1-6

女子会？
男性のいないディナーなんて
考えられないわ

シャネルのミューズであったイネス・ド・ラ・フレンジュの自伝を読んでいたら、こんなフレーズが目に留まりました。

「わたしはランド地方でおこなわれた彼らの結婚式に行った。まさか将来の夫の結婚式に出席しているなんて、思いもよらなかった！」

ん？　どういうこと？　つまり、イネスの結婚相手であるルイジは「女友だちの夫だった人」なのです。この結婚式から10年、離婚したルイジはイネスと恋に落ちたそうですが、日本だったら略奪婚云々と騒がれそうな事態です。

ところがフランスでは「恋人や夫が女友だちの元カレ」なんて日常茶飯事。なぜかといえば、友だちや家族の主宰でしょっちゅうフェットと呼ばれる気軽なパーティーが開かれていて、出会いの場が交錯するからなんです。女性だけの女子会、男性だけの男子会は皆無ですから、パーティーに行ったら歴代の元カレが勢ぞろい……というツワモノも。ジュリー・デルピー主演・監督の『パリ、恋人たちの2日間』にもそんなシーンがありましたね。

22

次に会ったときには、カップル同士でパートナーが入れ替わっていた、なんてこともありがちな話です。

　フランス人が恋愛の達人といわれるのは、このように「別れたらもう会わない」というのが不可能な、そしてある種残酷な環境におかれているからなのかもしれません。

　新しい恋人の嫉妬心を駆り立てるため昔の彼と意味ありげな視線を交わしたり、別れた元カレを悔しがらせようとセクシーな装いやふるまい方に磨きをかけたり。嫉妬、未練、後悔、見栄、自己憐憫……といった負の感情を、ときには失敗しながらも飼い慣らし、異性の心をつかむ術を磨き上げていくのです。

婚活、年の差夫婦……フランス語にない言葉たち

　フランスで暮らしていると、日本語では日常的に使われている表現なのに、フランス語でそのものズバリの単語がないことに気づかされます。たとえば、早婚、晩婚、婚活、年の差夫婦など。事実婚がより一般的になった現代、婚活は必要ないわけですし、まして結婚が早かろうが遅かろうが、どうでもいい……。というわけで、「愛することに互いの歳はそもそも関係ないファクター」とフランス人は思っています。彼らは多様性がありすぎてカテゴライズができない上に、ラベリングにも興味がないので、この手の日本事情を説明すると、「オー、ミゼラーブル」といった表情をされてしまうのです。

CHAPTER1-7

パリジェンヌが魅力的でいられるのは、フランス男性のおかげなの

　コケティッシュといわれるパリジェンヌですが、その実像は「とにかく強く、性格もキツい」というのが本当のところ。男性から姫のように扱われるのを当然と考え、料理をお皿に取り分ける、ソファで寝ていたらブランケットをかけてあげる、といった日本女性ならごく当たり前の心配りをすることも滅多にありません（もちろん個人差はありますが）。

　日本だったら「恋愛対象外」とカテゴライズされかねないふるまいの彼女たちを、フランス男性は「セクシーだね」「本当に君は美しい」と口々に賞賛します。そう、フランス女性が強さとセクシーさなどの魅力を両立させていられるのは、彼女たちを理解し、受け止める優しき騎士、フランス男性の存在があってこそなのです。

こうしたフランス男性の懐の広さは、まさに教育の賜物。男の子は「ママンは世界一素敵な女性」「ママンを大切に」「ママンを手伝いなさい」と、パパから言われ続けて育ちます。パパがママンのためにベーカリーで焼きたてのバゲットを買ってくる、週末には朝食を作ってベッドへ運び、記念日には花を欠かさず、常に「きれいだね」と賞賛の嵐……とパパがママンに尽くす姿を見ているので、無意識のうちに女性（それもどんな年代の女性でも）が喜ぶ行動がとれるのです。日本の男性って……と不満をお持ちの方は、ご自分のお子さんや甥っ子にグローバルスタンダードであるレディファーストを叩き込んでいくことで、日本女性の未来に貢献してみてはいかがでしょうか。

　ただし、息子さんがフランス男のように、そのやさしさを本命の彼女や妻以外にふりまくようになってしまう可能性も否定できません。彼らは、相手が（自分も）結婚していようが恋人がいようが、「いいな」と思えばガンガン口説いてきます。「人生は短い。この出会いを大切にしよう。ぼくには何の問題もないから」。

　男と女が互いにセクシーで魅了し続けるということは、常に浮気や不倫、離婚と隣り合わせの緊張感が伴うということなのです。が、退屈で平々凡々な生活より、緊張感に満ち溢れたアバンチュールな日常を求めるという彼らの人生哲学の表明でもあるわけです。

パリジェンヌのリアル恋愛事情

　拙書『パリのマダムに生涯恋愛現役の秘訣を学ぶ』(ディスカヴァー・トゥエンティワン) では、R45 (45歳以上) のパリマダムの恋愛事情を紹介しましたが、その娘世代にあたる20代のパリジェンヌたちは、どんな恋愛をしているのでしょうか。

　日本との大きな違いは、つきあうきっかけが「告白」ではないところ。「告白」について「片思いしてる相手を呼び出して、付き合ってくださいって言うの」とパリジェンヌ相手に一生懸命説明しても「告白の意味がわからない！　深く愛し合うこともなしに、一人の人に決めるなんて、あり得ないわ」「だから、その、深くつきあうために告白するわけで…」と、どうも会話がかみ合いません。

　大学院生のジゼルは、「体の関係から恋愛関係になることはよくあるわ」とキッパリ。「気に入った男性がいたら、じっと見つめて、向こうも私を見るようになったら話しかけるの。脈のある相手なら、軽くボディタッチをしてきてくれたりするから、自然にそういう関係になるわね」とのこと。相手からアプローチがない場合は、自分からキスしたり、腕や肩に触れたりして、仕掛けていくケースも多いとか。「私たちの親世代は、男性からアプローチすべきなんて考え方の人もいるけれど、はっきりいって古いやり方ね」と肉食女性全開です。実際、わたくしの息子がパリの大学生であった頃に、彼女がいるのを公言しているにも関わらず、パリジェンヌから、モーレツアプローチされた話を耳にしたこともあります。そんな話は日常茶飯事。まったく特別の事ではあり

ません。
「初めての朝を迎えた相手に、『ご飯食べる？』って聞いただけなのに、『まさかとは思うけど、私たちもう付き合ってる、なんて思ってないよね』って顔で警戒されて逃げられたこともあるわ」というのは、Webデザイナーのマリオン。「『私はそんな重い女じゃない。他に恋人候補はいるし』って態度のほうが、彼らは安心して『また会おう』って思うみたい。恋人関係になりたいなら、相手に求めすぎないっていうことが大切なのかも」と、20代にしてこの悟り具合はさすがです。

なかには、広告代理店に勤めるローズのように「仕事が大変で恋愛どころじゃない！」というパリジェンヌらしからぬ声も。「周りを見ていても、出産のリミットである30代後半になってようやく真剣に相手探しを始めてるわ。それまでは、職場である程度、成果を出していかないと、その次のステップがないの。だから、恋愛はときどき楽しむ程度で、真面目な恋愛をしている時間の余裕がないのが正直なところね」

年齢を重ねたパリマダムたちが、好みの男性に身構えることなく自然な身のこなしで誘惑できる術を身につけるため、どんな男性にも視線で誘って誘惑を本能にしてしまうのと対照的に、まだまだ男性や仕事に振り回されることも多いパリジェンヌたち。生涯恋愛現役のマダムへと成長するには、しばらくは修行が必要な模様です。

CHAPTER1-8

流行りの香水なんて興味ないわ。香りは自分だけのものだから

　朝、ベッドから出て冷蔵庫を開けたら空っぽで何もない。急いで外に何か買いに行かなくちゃ。そんなとき、日本女性なら「眉だけ描く」、あるいは「口紅だけ塗る」派が大多数ではないでしょうか。ところが、パリジェンヌが手を伸ばすのは、メイク道具ではなく香水の瓶。香水をつけずに出かけるのは、洋服を着ないで出かけてしまうような気恥しさがあるそうです。それほどまでに、香水はフランス人と切っても切れない関係にあります。

　フランスで香水が好まれるのは、体臭が強いからとも、お風呂に入らないからとも言われますが、デオドラント（無臭）にしたいのに出来なかったから、ではないのは確実です。賢帝で艶福家として名高いアンリ４世は、「今から行くから、身体を洗わないで待っていろ」と愛人に言ったとか。フランスでは「デートでは数日着た下着をつけてきてね」と恋人に嘆願する男性はめずらしくなく、女性から変態扱いされることもありません。フランス人にとって香水は、匂いを覆い隠すものではなく、体臭と上手にブ

レンドし、自分だけの"野性の匂い"を戦略的にふりまいて官能を刺激する媚薬なのです。

「人と違うこと」をよしとするフランスでは、「流行りの香水」は、流行りません。有名な香水店でディレクターを務めるジベルから教わった選び方は、とてもシンプル。ボトルの色と香りをざっくりと3つにカテゴライズし、その日の気分や季節、シチュエーションによって、洋服を着替えるように、まとう香りを使い分けるのだそうです。なかには、"運命の香り"に出逢ってしまったら基本浮気せず、シーンに合わせてパルファム、オードパルファムオードトワレ、オーデコロンと、揮発性の違いで使い分けるという調香師の友人もいますが。

　私の場合、女友だちや性別・年齢もさまざまな大勢のゲストが集まる場には、ディオールの「オー・ソバージュ」など、グリーン系のボトルでクセの少ないすっきりと爽やかなユニセックス系の香りを選びます。デートやパーティーなど、エレガントな雰囲気を演出したいときは、ゲランの「シャリマー」など琥珀系のボトルで深みのある濃厚なムスクやイランイランの香りを。デイリーユースやコンサバティブな会合では、ニナリッチの「レールデュタン」など華やかでありながら上品さを失わないフローラル、ローズ系の香りをよくまといます。

　香りは自分の魅力をアピールする実用性と、官能を呼び覚ますミステリアスな部分を併せ持ち、人生に大きな役割を果たすもの。今日はどう自分を演出していこうか、そんなタクティクス（戦術）を練っているだけで、楽しい気持ちになってきます。

CHAPTER1-9

きみのファンタズムは何？ぼくのは……

　フランス語でよく使われている言葉を日本語に訳そうとしても、どうにもしっくりくる言葉が見つからない……ということがあります。そのなかのひとつが「ファンタズム（fantasmes）」という言葉。たとえば、こんなふうに使います。
「きみのファンタズムは何？」
「そうね、素性も何もわからない2人がホテルのバーで出会って、そのまま部屋に向かうエレベーターで……みたいなシチュエーションかしら」
「そうなんだ。ぼくは、たとえば親友の美しいお母さま」

　お察しのとおり、「ファンタズム」はあえて日本語にするなら「潜在的な欲望を満たしてくれる幻想」。性的な妄想や夢、憧れといったところでしょうか。日本語にすると、どうしても隠微なムードが漂ってしまうのですが、フランスでいうファンタズムは、もう少し性をゲーム感覚で楽しむようなニュアンスを含んでいま

す。

　フランス人にとって性は、パートナーと一緒に楽しむ遊びであり、快楽そのもの。だからこそ、「どこそこのケーキがおいしかった！」と話すときと同じテンションで、自分の性的妄想について友だち同士やカップルで語ることも少なくありません。

　もちろん恋人同士なら、手錠を使ったソフトなSMを楽しんだり、いつもとは違う扇情的なアンダーウエアを身に着けたりしてファンタズムを共有しあいます。適度に妄想ごっこを楽しみながら、相手の新たな性的魅力を発見したり、マンネリズムを打破したり。みなさんも、ときには自分の欲望を素直にさらけ出し、イマジネーションの世界に身を委ねてみてはいかがでしょうか。ただし、それを受け止めてくれる日本人男性がもしいれば、という条件付きではありますが。

「匂い」が恋人選びの基準!?

　嗅覚を重視するフランス人は、クリスマスのもみの木を選ぶときも、マルシェで野菜や果物を買うときも、とにかくクンクンと匂いを嗅いでいる姿をよく見かけます。もちろん、恋人選びも体臭を含む「匂い」が自分好みかどうかが大事。愛用の香水と相性のよいアロマキャンドルやボディクリームを使い、自分だけの香りで部屋を満たして、恋人に迫る。そんな演出も、匂いにこだわるフランス人ならではです。

CHAPTER1-10

美の秘訣は、コントロールしようとしすぎないことね

　日本で人気を得ている美容本を手に取ってみると、基本的には肌のトラブルやコンプレックスをどう直すか、といったものがとても多いことに気づかされます。ここにも、日本人の長所であり短所でもある「完璧主義」が顔をのぞかせていますね。

　もちろん、トラブルやコンプレックスはないに越したことはありません。ですが、月経のある女性は、月の満ち欠けと同じように、肌が「ゆらぐ」のは当たり前のこと。じつは、このゆらぎこそ、セクシーをかたちづくる要素のひとつ。そのことに気づいているのが、パリジェンヌです。だからこそ、彼女たちは生理前にニキビができても、肌の調子が悪くても、それをむやみに隠そう

としません。「調子が悪いの」と彼にしなだれかかり、あれこれ世話を焼いてもらったり、いつもよりしおらしく色っぽい風情で彼を欲情させたりしています。日本でも「目病み女に風邪引き男」というではありませんか。

　懸命に肌トラブルのお手入れをしている方には残念なお知らせですが、コントロールして一定の美を保つより、ゆらいでいつもと違う自分をあえて見せるほうが、異性を魅了するにはうんと効果的なのです。

　男性はゆらぎが少ない性ですから、猫の目のようにくるくると姿が変わり、行動が読めない女性に、思わず引き込まれてしまうのでしょう。

　自分のゆらぎを受け入れる。それだけで、無理に普段通りの自分を演出しようとせずとも、つかみどころのない、野生動物のようなアリュール（その人だけの魅力や個性）を身にまとえるようになるのです。

「美しいものの中には、あまりに
完成されているより、荒削りのままのほうが、
はるかに精彩を放つものがある」

ラ・ロシュフコー／フランスの思想家

「香水をつけない女に未来はない」

ココ・シャネル／デザイナー

CHAPTER 2
パリジェンヌは3品しか コスメを使わない⁉

CHAPTER2-

1 本当に肌が必要とする コスメは、五感で選ぶ

　きまじめな日本女性は、スキンケア商品を「機能」「成分」ありきで選ぶ、という人が多いのではないでしょうか。または、雑誌やTVでよく宣伝している流行りのコスメだから、好きなタレントや美容家が勧めていたから、という理由で選んでいる人もいるかもしれません。思い当たりませんか？

　パリジェンヌの間ではナチュラルコスメが人気ですが、その理由は「香りやテクスチャーが自分好みだから」。年齢を重ねていけばエイジングケア用をプラスしていきますが、ベースになっているのはあくまで「自分の好み」。手に取った瞬間に放たれる香り、色、温感の第一印象で「私の肌はこれが好き」と感じるアイテムを選ぶのが、パリジェンヌ流です。彼女たちの母親世代になってきますと、安全性のほか、効果・効能重視になってくるのも事実です。

　この"好みな感じ"は一見、適当な感じもしますが、じつはこれ、美肌作りのためにはたいへん理に適っています。そもそもコスメは医薬品と違い、ダイナミックな効果を期待するものではありません。毎日使うものなので、むしろ安全性にこそ、気を配るべきです。そもそも肌を根本から美しくするのは、脳が生み出す「幸福感」。好き、気持ちがいいと感じると、脳からドパミン、セロトニンなど各種の"幸せホルモン"が分泌され、ストレスが癒されます。すると、私たちの身体に生まれつき備わっている均衡

36

作用「ホメオスタシス」が整って新陳代謝がアップし、自ずと美肌が作られるのです。恋愛の高揚感で肌つやピカピカ。その理論と根っこは同じです。

　正しい知識は重要ではありますが、知識偏重、左脳優位のアイテム選びから卒業し、香りとテクスチャーをじっくりと味わいながら、「どれが好き？」と肌に問いかけてみましょう。幸せホルモンは、どんな美容液よりもあなたの肌を美しくしてくれます。どのアイテムにしようか迷ったときは、何よりも先に五感のささやきに判断を委ねてみてください。

オーガニックコスメは
パリジェンヌの間で人気があるけど、
だからって人のマネして選んでいる、
というコは少ないわ。
行きつけの薬局の薬剤師に自分の肌に合う
アイテムを選んでもらう人も多いの。
選択肢を絞った後は、
あくまで自分の好みに忠実にね。

2 本当にそろえるべき コスメは何品か

CHAPTER 2 –

　百貨店の化粧品売り場で勧められるがままにコスメを購入していると、クレンジング、洗顔料、化粧水、乳液、美容液1、美容液2、クリーム、ＵＶケア、シートマスクetc……フルラインで8、9品を使うはめになっていた、ということも珍しくありません。

　これに対し、フランスでは「クレンジング・洗顔料」「保湿」「セーラム（美容液）またはオイル」の3品程度でのお手入れがスタンダードです。

　では、日仏どちらのコスメ使いが、美しい肌になれるのか。皮膚科専門医の立場から言わせていただくと、スキンケアコスメは、洗顔、保湿、UVカットの3アイテムを基本にそろえれば十分。肌に良かれと何種類ものコスメをミルフィーユのように重ねづけし常時複数使いするのは、じつは肌トラブルのもとになりかねません。日常のスキンケアは極力シンプルにとどめるのが正解です。

　ただし、キレイになる高揚感、というのも見逃せません。週末やたっぷり時間がとれる時には、エステさながらの、スペシャルコースもお勧めです。こういうメリハリ、ハレとケ（ON, OFF）を意識したスキンケアはとても重要なのです。

　多くのアイテムを使うことに慣れている日本女性にとっては、とりわけ「保湿アイテムは何を使うか」が悩ましいところでしょう。

　そもそも保湿とは、肌に必要な水分と油分を補給し、肌をうる

おわせること。保湿成分に富んだ化粧水を基本に、肌が乾燥するなら乳液やクリーム、シワやシミなどが気になるなら美容液などの油分をプラスします。季節や体調によって肌がベタつくときは、油分の多いものは減らしましょう。

　漫然と「いつも通り一辺倒のケア」をしているだけでは、美肌は手に入りません。その時々の肌のコンディションに合わせて「1品減らす」「1品増やす」やり方を身につけ、スキンケアに使うお金や時間を、本や映画、旅行など、知的活動へと回すことが、パリジェンヌたちのような魅力的な雰囲気をまとう秘訣です。

　フランスのスキンケアは、ローションやミルククレンジングでメイクを落とし、コットンでふき取ったらクリームで保湿するだけ。フランスって硬水だから、顔なんか洗ったら肌がパリパリに乾燥しちゃう。だから、ダブル洗顔も知らないし、水を使ったスキンケアって馴染みがないの。

　日本女性がよく使っているという保湿用化粧水は、もともと売ってないわ。それに、日本では化粧水に"しっとり"と"さっぱり"があるって聞くけど、さっぱりわからない。日本人ってそういう意味では、とっても繊細な感覚をもっているのね。

CHAPTER 2

3 「肌タイプ」から 自由になる

　コスメ選びの基準になる「肌タイプ」。美容に関心の高い日本女性であれば、「普通肌」「脂性肌」「乾燥肌」「混合肌」、自分が4つの肌タイプのうちどれに当てはまるかを知っている人がほとんどだと思います。

　ところが、現実には日本女性の多くは「混合肌」。そもそもベタつきがちなTゾーンとカサつきがちなUゾーンは皮脂分泌量に差があり、若いときほどこの落差が大きいのが普通です。全体がベタつくという人以外、Tゾーンは脂性なのに、Uゾーンは普通肌や乾燥肌という「混合肌」が日本女性の大多数を占めています。

　とはいえ、「混合肌」が一生続くわけではありません。年齢を重ねるごとに2つのゾーンの差は小さくなり、混合肌や脂性肌から普通肌、乾燥肌へとゆるやかに変化します。もちろん、季節や天候、生活習慣の変化などによっても、肌タイプは変わってきます。つまり、肌タイプは1日単位、季節単位、1年単位、数年単位で変化を繰り返しているのです。

　だからこそ、「いまここ」の自分の肌タイプを見きわめなければ、自分の肌が本当に必要としているケアを知ることはできません。

　肌タイプの自己診断法は、いたってシンプル。顔を洗った30分後に自分の肌に触れてみましょう。しっとりみずみずしい感触

40

なら「普通肌」、全体にカサカサしてつっぱるなら「乾燥肌」、全体に皮脂が浮いてきたなら「脂性肌」、ベタつく部分と乾燥もしくは普通の部分が混在しているなら「混合肌」です。

　こうした肌タイプのチェックは、季節の変わりめごとに行うべき。肌がゆらぎやすい時期に、自分の肌タイプを再確認することで、いま使っているコスメが肌に合っているのか、何を足し引きすればいいのかはもちろん、季節や生理周期、年齢による肌の変化をきちんと自覚することができます。

「自分は○○肌」ととらわれすぎず、今日、目の前にある自分の肌を客観的に見て、触れて、感じること。それが官能美肌への第一歩です。

飲むコラーゲンは本当に効く？

　肌のハリを支えるコラーゲンは、コスメとして「塗る」だけでなく、「飲む」ドリンクタイプも人気です。しかし、これまでは「コラーゲン1000mg配合のドリンクを飲んでも、顔の皮膚に届くのはわずか0.3mg（0.03％）」ともいわれ、シワやハリへの効果は期待できないといわれてきました。そもそも消化されてアミノ酸になってしまいますし。ところが最新の研究で、コラーゲンを摂ると、体内のコラーゲン合成が活発になることが判明したのです。まだ詳しいメカニズムは不明で、どんなコラーゲンをどれくらい摂れば効果が出るのか明らかになっていませんが、「飲むシワ取り」が近い将来、登場するかもしれません。いずれにしても、コラーゲン生成を高める効果のあるビタミンCも忘れずに摂ってくださいね。

41

CHAPTER 2

4 パリジェンヌのコスメ選びは コンサバティヴ

　仕事にも恋愛にもアグレッシヴなパリジェンヌですが、ことコスメ選びに関してはとてもコンサバティヴ。流行成分を追いかけたり、あれこれ化粧品を変えたりということは、滅多にありません。

　そもそもフランスでは、日本にあふれる、コスメやメイク法が8割以上を占めるような女性ビューティー誌は1、2種類のみ。季節毎に流行成分が生まれては消えていく日本とは違い、特定のコスメや成分が大ブームになるということがあまりありません。話題になってそのまま定番になったものは、エイジングケアのCoQ10、レチノールくらいです。

　彼女たちはたいてい行きつけの「ファーマシー」（薬局のこと）と呼ばれる「ドラッグストア」を持っていて、自分の肌を熟知している薬剤師に相談しながらコスメを選びます。服を買うときも、「ノンノン、マダム。それはあなたには似合いません」とスタッフがはっきり物を言うお国柄だけに、売る側、買う側の信頼関係の質が、日本とは違っているのです。

　とはいうものの、それはあくまでお国柄の違いであって、フランスを見習うべき、という単純な話ではありません。日本にはコスメの使い過ぎ、お手入れのしすぎで敏感肌を招いている人がいる一方、パリジェンヌはシンプルケアが行き過ぎて保湿やＵＶケアを手抜きしている人も多く、それが肌の老化を早めているという一面も。どちらにも一長一短があるのです。

42

ひとつパリジェンヌを見習うことがあるとすれば、新成分配合や新理論のコスメについては、「安易に手を出さない」ということ。流行成分はあくまで流行で終わってしまうことも多々あります。その実力が認められ、定番化していく成分はごくわずか。そのため、コスメの評価が下されるのには、一定の時間が必要です。

　もちろん、ときには感覚にしたがってコスメを乗り換えるのもアリですが、現状に満足しているときは目新しいケアに手を出さないほうが賢明です。

　ファッションなら冒険が許されますが、コスメ選びは一歩間違うと肌に深刻なダメージを引き起こす可能性があります。もし、どうしても試してみたいなら「発売後、半年待って情報を収集してから」というのが、日仏のコスメ事情を知るわたくしの持論です。

フランス女性は2人に1人が
クレンジング剤を使っていない!?

　以前、日本女性とフランス女性約100名を対象にスキンケアアイテムの使用率を調べたことがあります。なんと、フランス女性はクレンジング、洗顔料、化粧水はそれぞれ約50％と、およそ2人に1人が日本人なら当たり前のアイテムを使っていないことが判明しました。それに対して日本女性は、クリーム以外のアイテム使用率はほぼ100％。ただし、フランス人に日本人と同じアイテムを約1カ月間使わせる実験をしたところ、ほぼ全員が敏感肌になってしまったそうです。気候や肌質が違うと、スキンケアひとつでもこんなに違いが生まれるのです。

CHAPTER2:

5 皮膚科医が本気で勧める美容成分

　流行成分には飛びつくべきではない、ということはわかった。でも結局、どんな成分のコスメを選べばいいの？　こんなふうに悩んでいる人にお勧めしたいのが、わたくしがACE（エース）と呼んでいるビタミンA、C、Eが配合されているもの。そして、天然保湿因子のひとつでもある、アミノ酸や、そのアミノ酸が2つ以上連なったペプチド、細胞間脂質の一種であるセラミド、生体では真皮に含まれる保水力抜群のヒアルロン酸です。

　もともとは、ACEも流行成分として登場したのですが、高い効果と安全性で、息の長い人気を誇り、スタンダード成分として定着しています。数多く話題になる流行成分ですが、生まれては消えていくものも多い一方で、人気が持続すればACEのように研究が進み、新たな商品が次々と発売されていきます。長きにわたって人気のあるスタンダード成分は、改良に改良を重ねた進化版なのです。

　ACEは「ビタミンA配合」などとはっきり示されていることは少なく、成分名で表示されているのが一般的です。そのため、ACEが配合されているかを見きわめるには、成分表に注目してください。

　ビタミンAは「パルミチン酸レチノール」などと表示され、肌のターンオーバーを整えてくれます。ビタミンCは、「アスコルビン酸」などと表示されています。50年以上も女性たちに支持され続けているだけあって、ニキビ、毛穴のひきしめ、美白な

どに効くマルチな成分。昨今では、安定性がよく浸透しやすい誘導体も随時開発されています。「トコフェロール」などと表示されていることの多いビタミンEは、血行をよくし、肌にハリを与えます。

あれこれたくさんの美容液やクリームに手を出すよりも、どれも抗酸化物質ゆえに、あらゆる悩みに多角的に効果を発揮するACEと保湿成分配合のものを選ぶのが、賢いコスメの活用法といえます。

稀少成分や新規成分、
単品成分高配合コスメ選びは慎重に

稀少エキスや、新規成分、各種ケミカル高機能成分などが配合されたコスメは、「効きそうな」イメージがありますよね。ただし、こうした成分のなかには、これまで医師の処方箋がないと使用できなかったものもあり、効果が期待できる反面、その成分が自分の肌に合わなければ、炎症を起こし、ひどいと色素沈着や時に脱色してしまう可能性も。コスメ選びは食生活と同じ。毎日使うものですから、慎重に選択しましょう。

成分について、より詳しく知りたいあなたは、一般社団法人化粧品成分検定協会のHP（www.seibunkentei.org）を参照してください。

美肌を誇る日本女性が、
世界最強の美を手に入れるには？

「日本女性って、本当に肌がきれいね」

　過去にフランス女性が、本当にうらやましそうに口にするのを幾度も聞いたことがあります。自意識が高く、滅多に他人を褒めないフランス女性が一目置くほど、日本人の肌の美しさは群を抜いています。10代では、それこそ妖精のような美しい肌をもつ欧米の女性たちですが、30代半ばを境に一気に衰えが目立ち始めます。それに比べて日本女性は、30代半ばを過ぎてもみずみずしい肌の持ち主が多く、同年代のフランス女性と比べると歴然たる差があります。

　もともと日本女性の肌は、欧米人に比べてキメが細かく、水分もたっぷり。生まれもっての肌質に恵まれている上に、顔の凹凸が少なくシワが目立ちにくいのです。それに加え、洗顔に使う水は肌にやさしい軟水であること、UVケアへの意識の高さ、海に囲まれた湿潤な気候、梅雨という恵み、日常的にお風呂を愉しむ文化があり温泉に恵まれていること、栄養バランスのとれた和食など、日本には美肌を育む環境と習慣が整っているのです。

　実際、計150人以上の日本人、フランス人、ロシア人の頬の角質層部分の水分量を調査した際には、日本人の水分量はフランス人のじつに約2倍！　ダントツのトップでした。

　フランス人の肌の衰えを加速させるのは、なんといっても乾燥した気候と、真夏でもテラス席から埋まっていくほど誰しも日焼けラバーなお国柄。喫煙率の高さ、そしてアムールの国ならではの挨拶でキスをする習慣や、口をすぼめる発音の多いフランス語

の特性などが関係してか、頬や口の周りの縦じわが多くなりがちなのです。

ただし、冒頭のセリフのあとに、

「でも、メイクは濃すぎてコスプレのようだし……何より姿勢が悪くて歩き方もヘン。あんなに肌もきれいでおしゃれなのに、もったいない!」

こう付け加えるフランス人のなんと多いことか! 生まれつき肌質に恵まれているのですから、日本女性はシンプルスキンケアでじゅうぶん。姿勢よく胸を張り、膝を伸ばして大きく足を振り出す「美しい姿勢と歩き方、そして身ごなし」を身につけて、過剰な美容ケアの時間とお金を読書や芸術鑑賞に割き、グローバルスタンダードな世界最強の美を、自分のものにしてしまいましょう。

CHAPTER 2-6 オーガニックでもケミカルでも自分が好きなものを使う

　パリはオーガニックがとても身近な街。「ビオコープ」「ナチュラリア」というビオ（フランス語でオーガニックの意味）製品専門のスーパーがあったり、「エルボステリア」と呼ばれるハーブ専門薬局があったりします。コスメでもオーガニック人気はすっかり定着していて、パリに8店舗を展開するオーガニックコスメのコンセプトショップ「マドモアゼル・ビオ」は、自然派コスメの野暮ったさのないリュクスな雰囲気がパリジェンヌに人気です。

　日本でもオーガニックコスメ人気は高いのですが、じつは何をもって「オーガニック」と呼ぶのかは国によってさまざまです。フランスのトゥールーズに拠点をおく世界最大級のオーガニック認定団体「ECOCERT」では、オーガニックコスメに「COSMEBIO」「COSME ECO」という2つの認証基準を設けています。また、2017年には、初のEU統一基準となる「コスモス」認証がベルギーで誕生する予定です。

　一方、日本には決まった定義がありません。つまり、「言ったもの勝ち」の状態です。海外のオーガニック認定を準用する良心的なメーカーもあれば、原料の一部にごくわずか使っただけでオーガニックをうたうメーカーもあり、買う側としては見きわめが必要です。

　ただし、基準の厳しいコスメビオでも、「成分の95%以上が天然または天然に由来する成分（水含む）であること」となってお

48

り、100％完全なオーガニックではありません。かといって、100％オーガニックだから安全ともいえません。天然のオーガニックな成分にアレルギーがある人もいるからです。オーガニックやナチュラルコスメだからといって、自分にとって100％安全なわけではないのです。

　なお、身近な台所にある食材などで手作りするキッチンコスメには要注意。食べられるものは肌にも安全、はまったく相関関係がありません。

　そんな事情もあり、パリジェンヌの中には、「自分の肌を知ってくれている薬剤師に相談して選びたい」と、薬局などで売られているデルモコスメ（皮膚医学にもとづくスキンケア化粧品）を好む人も少なくありません。

　オーガニックでもケミカルでも、「他人が勧める他人の肌に合ったもの」ではなく、「自分の好きなもの」「自分の肌に合ったもの」を使う。それが、パリジェンヌの流儀です。

香りにこだわるフランス人

　クリスマスのもみの木や、恋人を選ぶときにも「匂い」にこだわるフランス人。アロマティックなコスメも「匂いが好きだから、好きな精油だから」ってことで使ってる人が多いです。そもそもフランスでは、アロマテラピーは代替医療の一部門。精油には自然治癒力を高める効果がある、というのは当たり前に知られている事実。好きな香りか、その精油が自分の肌質に合っているかどうかが重要となります。

49

CHAPTER2-

7 クレンジング剤・洗顔料への
こだわり方を間違えないで

　クレンジング剤・洗顔料は、基本的には自分が使いやすく、洗顔後の肌の状態が心地よければ、どのタイプを使ってもOK。大切なのは、68ページ以降で紹介する「使い方」であって、クレンジング剤や洗顔料の基材（コスメのベースとなるオイルやアルコール）ではありません。

　あえて選び方を挙げるとすれば、「肌質」と「メイクの濃さ」に応じて選ぶのが正解です。

　クレンジング剤は、メイクを落とす力が強い順にオイル、クリーム、ミルクとなっています。ジェルについては、水性より油性のほうが落とす力が強力です。乾燥肌ならクリームやミルク、脂性肌ならオイルやジェル、普通肌、混合肌は肌のコンディションによって使い分けましょう。

　オイルクレンジングについては賛否両論ありますが、ラベル表示にしたがって正しく使えば、肌に負担をかける心配はないというのがわたくしの考えです。アイメイクなどのポイントメイクには、専用のリムーバーを使うといいでしょう。

　洗顔料はさまざまなタイプがありますが、汚れをしっかり落とすシンプル機能のものがお勧めです。保湿や高価な美容成分などが配合されたものは、すすぐときに洗い流されてしまうので、効果を期待しすぎないようにしたいところです。

「モコモコ泡が毛穴の汚れを吸着！」などと泡立ちがいいことを

50

うたう洗顔料もありますが、どんなにきめ細かい泡でも毛穴に入り込んで汚れを吸着させているかは、はなはだ疑問です。汚れを落とすのは洗浄成分とその濃度なので、一般的には泡立ちがいいものほど洗浄力は低下します。ただ、泡を立てることでやさしい洗顔となり、肌の負担を減らすことはできます。清潔好きな日本人は、ゴシゴシ洗いすぎが問題になることが多いのです。汚れを落とすには、サクッと泡立てて、肌をこすりすぎず、ぬるま湯（お風呂のお湯などは熱すぎで乾燥を招きます）でやさしく洗って髪のはえ際までしっかりすすぎましょう。なお、泡をのせる順番は脂分の多いTゾーンから、が鉄則です。

クレンジングや洗顔が大切なのはわかるけど、彼といい雰囲気になってるのに「美容のためにちょっと顔を洗いに……」なんて言って、すっぴんになって戻ってくるってありえないでしょ？で、時にメイクしたまま朝まで寝ちゃうことも。

たまにそういうことがあったって、私は特に肌の調子が悪くなることはないわ。だって、彼と過ごす時間で幸せホルモンが出るから！真面目にお手入れするよりアムールを大事にしたほうが、肌が美しくなるってこともあるのよ。

「保湿ケア」は化粧水以外のアイテムにお金をかける

クレンジングとやさしい洗顔で汚れを落としきったら、次は肌に水分と油分を加えてうるおいをキープする「保湿ケア」へと進みます。

まずは、障子張りの際（昭和な風景ですが）、霧吹きで振りかける水のごとく「化粧水」で水分を与えて肌のキメを整え、美容液やクリームが浸透しやすくなる土台を作ります。次に、美白やアンチエイジングなど、自分の悩みに応えてくれる成分を配合した「美容液」を。最後は、「乳液」や「クリーム」、流行りの「オイル」などの油分でフタをし、水分の蒸発を防ぎます（注意：ブランドごとにアイテムの順番が違ったりしますので、説明書をよく読みましょうね）。

洗顔後、肌が自らうるおいはじめるには、30分〜2時間ほどかかります。保湿ケアは、皮膚の一番外側にある角質層のケアそのものであり、肌の透明感を維持し美しく見せるだけでなく、皮膚という臓器の最大の役目であるバリア機能をキープする意味でも、スキンケアの中でも最重要ポイントのひとつです。

「化粧水」は、肌に触れた感じが心地よく、たっぷり使える価格帯のものを選んでください。高価なものをチマチマ使うより、リ

ーズナブルでたっぷりと隅々まで惜しみなく使ったほうが、肌は喜びます。

　その分、お金をかけたいのが、化粧水のあとに使う「美容液」です。美容成分が豊富に含まれているのが特徴ですが、クリームやジェルなど形態はさまざま。はっきりした定義はありません。一定期間は自分の悩みに合った1品に絞って使いましょう。

　最後に、「乳液」と「クリーム」です。両者の違いは、メーカーが定めた粘度の基準によるもの。成分や働きに大きな違いはありません。最近では、乳液を使わずクリームやオイルでお手入れを終える人が増えていますが、どれを選ぶべきかは、好みと乾燥具合によります。美容液で保湿効果が高いものを使うなら、乳液もクリームもいらないかもしれませんし、部分的にカサつくならば、そこだけクリームを使うのもありでしょう。

　大切なのは「乾燥肌だから両方使う」「脂性だから乳液だけ」といったマニュアル通りの考え方から距離を置くこと。どのアイテムが好みの使用感で、自分の肌がどうすればいちばんうるおうのかを、いろいろ試して自分なりの正解を"楽しみながら"見つけてください。

「20歳の顔は自然の贈り物。30歳の顔は
自分の生き様。50歳の顔は貴女の功績」

ココ・シャネル／デザイナー

CHAPTER2-**9**

UVケアアイテムは、
SPFとPAに注目

　夜、寝る前のお手入れの仕上げは乳液やクリームですが、朝は
UVケアが加わります。日本女性の肌が若々しいのは、紫外線対
策をサボりがちなパリジェンヌに比べ、きっちりUVケアをして
いるから。紫外線には3種類ありますが、肌老化の原因になるの
は、地表に届くUVB（B波）とUVA（A波）の2つです。

　UVBは7、8月に強く、UVAは夏至の頃5月、6月が強めで冬
でも多く降り注いでいるという特徴があります。さらにUVAは
雲も窓ガラスも通過し、深部に到達します。これら紫外線を浴び
ることで起こる老化を光老化といい、皮膚の老化の実に8割
（！）を占めるといわれます。

　UVケア商品を選ぶときは、UVBを防ぐ「SPF」値、UVAを
防ぐ「PA」値、この2つの数値をチェックする必要があるのです。

　結論からいえば、わたくしは屋内生活のふだん使いならSPF
値は20程度、PA値は＋＋～＋＋＋を推奨します。

　UVBは肌表面の細胞を傷つけ、炎症を引き起こして肌を赤く
し、皮膚がんやシミの原因になります。このUVBを浴び、肌が
赤くなるまでの時間を何倍に伸ばせるかを数値化した指標が
SPFです。20分で赤くなる人がSPF30のUVクリームを塗ると、
20分×30倍（SPF30）＝600分。つまり10時間は肌が赤くなり
ません。

　肌を黒くするUVAのカット効果を表す日本独自の指標がPA

です（EUでは、PPDと表されることがあります。）。UVAは真皮にまで達し、肌のハリを保つコラーゲンを破壊し、シワやたるみを招くので、アンチエイジングにはとりわけPA値のチェックが欠かせません。

カット力は、「＋」の数で表されます。「＋」ひとつにつき2～4倍日焼けを遅らせる効果があり、ふだん使いには「＋＋～＋＋＋」くらいがいいでしょう。

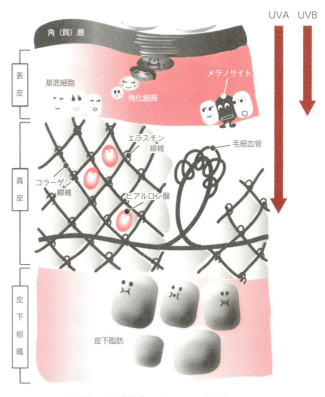

皮膚は4層構造（70ページ参照）

ただし、外で過ごすことの多い仕事をしていたり、スポーツを日常的に楽しんでいる人は、SPF50　PA＋＋＋のものをふだん使いしてもかまいません。かつては、SPF値の高い日焼け止めは刺激が強く、色も肌馴染みが悪いものが多かったのですが、最近ではほとんど問題ない程度まで改善されています。

　日本列島は、10年前に比べ紫外線量が大幅に増えているというデータがあるので、UVケアについてはパリジェンヌを見習わないほうがいいですね。

　ちなみに、UVケアでうっかりしやすいのは、夏の涼しい山の高原での対処の仕方。1000メートル上がるごとに、紫外線量が10〜20％増すといわれています。山で空気がキレイな上に大気も薄くなる分、紫外線がダイレクトに肌に届くので、普段以上にしっかりUVケアをしないといけません。

化粧下地 15 ＋日焼け止め 30、足して SPF45 ？

　化粧下地にも、日焼け止め効果のあるものを使っている人は多いもの。そんなとき、化粧下地 15 と日焼け止め 30 の SPF 値を足して「よし、これで SPF45 になった！」と思っていませんか？多少数値は高くなるかもしれませんが、基本的に、SPF 値を足すことはできません。ちなみに、仕上げのパウダーは SPF の表示がないものでも光の発散作用があるので、つけたほうが紫外線防止にはなるでしょう。

CHAPTER 3

肌が本当に悦ぶ
センシュアル・スキンケア

CHAPTER 3-1

スキンケアとの上手な付き合い方

　知人の日本女性から、こんな質問を受けたことがあります。「マナティ先生、スキンケアってそもそも何のためにするんですか？だって、『何もしていない』という人に限って肌がキレイだったりするじゃないですか。かと思えば、お手入れをしっかりやっているのに成果が出ていない人もいたり。だから、頑張ってスキンケアをするのが虚しくって……」

　その気持ち、わからなくはありません。肌のキメや色などは生まれもった素材の力が大きいもの。もともと肌の美しい人の中には、お手入れにも手間がかからない人がいるのは事実です。

　けれど、生まれもったものが同じなら、コンスタントにスキンケアを続けているほうが確実にキレイになれます。わたくしの周りでは、スキンケアに目覚める男性が増えていますが、これまで何もしてこなかっただけに、保湿やUVケアの効果は一目瞭然！また、男性の化粧部員がテストのためにいつも右手で左手の手背にクリームをつけるとしますね。左と右の手背は年齢も違うくらいに違いが現れるのだとか。皮膚は人体最大の臓器ですが、筋肉のように鍛えたり、お手入れの成果を貯め込んだりはできません。だからこそ、日々のお手入れが大切なのです。

　一方で、「スキンケア」は文字通りcareで「肌のお手入れ」の

ことであり、色黒の人が明らかに色白になったり、深いシワをなかったことにするcure(治療)力はありません。スキンケアの目的は、自分にとって良い肌の状態をキープしたり、リカバリー可能なダメージを回復させたり、シミやシワを予防したりすること。たくさんのコスメを使って自分以上の肌へと作り変えることではないのです。人と比べるのではなく、自分だけの肌の美しさに自信を持ち、スキンケアの原点である「シンプルケア」に立ち返る。それが、「美」を自分のものにしていく秘訣です。

CHAPTER 3-2

トラブルが増える
「春」のお手入れはシンプルに！

▲▼▲▼▲▼▲▼▲▼▲▼▲▼▲▼▲▼▲▼▲▼▲▼▲

　日本女性の肌はなぜ美しいのか。それは、四季折々の変化がもたらす自然のマッサージ効果が生み出したもの、というのがわたくしの持論です。

　冬になれば日照時間が減って多量の紫外線を浴びずにすみますし、乾燥する冬を越えれば、心地のいい春や梅雨、高温多湿の夏がやって来ます。こうした気候のギャップが本来わたくしたちが持っているバリア機能を強化してくれるとともに、同じダメージを１年じゅう受け続けずにすむ、という恩恵を日本女性にもたら

してくれているのです。年間を通して乾燥しているフランスとは、ここが大きく違います。

一方で、気候の変化に伴って、肌がゆらぎやすいというのも、日本女性ならではの悩みです。特に春は、四季の中でも肌トラブルが多い時期で、皮膚科が混雑し始める季節。春先は、気温や湿度が安定しないため、角質層の水分や皮脂のバランスが崩れ、肌がべたつく日もあれば、カサつく日も出てきます。肌のバリア機能が低下しているところに、スギ花粉、黄砂、大気汚染物質などが追い打ちをかけ、アレルギー性皮膚炎や敏感肌を引き起こしてしまうこともあります。

こういうときこそ、スペシャルケアに走るのではなく、逆にシンプルケアを心がけて。やさしく洗顔して花粉や埃などの汚れを落としたあと、しっかり保湿し、肌のバリア機能を守りましょう。

紫外線Ａ波のピークは5〜6月

じわじわ肌の奥に入り込み、老化を促進する紫外線Ａ波がもっとも強いのは夏ではなく5〜6月。春先からUVケアを怠らないようにすることが、シワ・たるみ防止に役立ちます。

61

CHAPTER 3-3

「夏」は、UVケアと乾燥対策を重視！

　汗や皮脂でベタベタと不快な夏。さぞかし肌トラブルも多そうに感じます。ところがイメージとは違い、この時期は肌がもっとも元気な季節です。じつは、汗に含まれる乳酸ナトリウムは天然の保湿成分。汗を適度にかくと肌がうるおって異物の侵入を防ぐという生体防御のメカニズムがよく働き、夏の過酷な環境に適応しているのです。

　これは、美容業界ではよく知られている事実。実際、夏は化粧品の比較評価テストは行いません。新陳代謝が活発で、血液循環もよくなる夏の肌はコンディションが安定しているため、それが化粧品の効果なのかどうか、判断がつかなくなってしまうからです。

　ただし、UVケアと冷房による乾燥対策は不可欠です。肌のベタつきが気になるからと、ゴシゴシ肌をこすって洗顔してしまうのはNG。冷房で知らず知らずのうちに皮脂が乾き、角質層がもろくなっているので、強くこするとダメージが大きくなってしまいます。

　さらに、肌がベタつくからと、化粧水のみで乳液やクリームを使わずにいたりするのは、ベタつくのに乾燥するという「乾燥型

脂性肌」の原因に。普通肌や乾燥肌の人は化粧水のあと、乳液やクリームなどの油分でヴェールをしないと、水分が蒸発して肌の乾燥を招きます。脂性肌の人でも、化粧水だけではなくせめて保湿美容液やオールインワンジェルなどを使いましょう。

　朝のお手入れでは、乾燥する部分に乳液やクリームを。ベタつきが気になるなら、さらっとしたテクスチャーのものを選びましょう。オフィスで乾燥が気になるときは、メイクの上から使える、保湿効果の高いミストタイプの化粧水がおすすめです。ミネラルウォータータイプのミストは、表面で蒸発してしまい、かえって乾燥してしまうことがあるので注意しましょう。

夏はヘアの紫外線対策も忘れずに

　紫外線でダメージを受けた髪は、パサパサで手触りが悪くなり、色が脱けてしまうことも。外出時に紫外線防止スプレーを使ったり、紫外線ケアをうたったシャンプーやトリートメントに切り替えたりして、忘れずにケアしましょう。また、まとめ髪で日に当たる表面積を少なくする、帽子や日傘を活用するといった髪を守る心がけも大事です。

CHAPTER 3-4

「秋」は、紫外線ダメージを
いかに回復させるかがカギ

　秋は、夏の紫外線でダメージを受けた肌にさまざまなトラブルが現れやすい季節です。半日ほど外にいただけのわずかな日焼けでも、約10日後までは細胞の形や配列が不規則になって細胞が小さく縮まり、肌のターンオーバーが狂ってしまいます。こうしたダメージが完全に回復するには、時間がかかるのです。

　さらに、まだまだ夏の暑さが続く日もあれば、冷たい風を感じる日もあったりと、秋口は気温の変化が激しく、湿度も下がってくる時期。こういう時は自律神経が乱れます。肌が慢性的な乾燥状態になって、外界からの刺激に反応しやすく、キク科やイネ科の花粉でかゆみなどのアレルギー症状が出ることもめずらしくありません。

　この時期は、紫外線によるダメージ回復のため、美白コスメを取り入れたり、日焼けによって生じる活性酸素を退治してくれる抗酸化物質を豊富に含んだビタミンA（ブロッコリー、カボチャなど）、C（かんきつ類、イチゴ、トマトなど）、E（ナッツ類、うなぎなど）の食材を積極的に摂ったりしてください。

　また、バリア機能を高めるため、春と同じく保湿ケアにしっかり取り組みましょう。

迫り来る冬の冷えに備えて、手先を温かくする術を身につけましょう。冷え性の方はとくにマッサージ前に行いましょう。

1. 手を握って開いて、グッ、パー、グッ、パー
リズミカルにセットで10回

2. 右と左の手のひらを温かみが感じられる程度に擦り合わせる。
摩擦熱で温かく。

3. 両手でそれぞれ拳をつくり、太ももをパコパコ叩きます。これによって、太腿部の血流も刺激され、足先も温かに。

CHAPTER 3-5

「冬」は洗顔と保湿を見直して

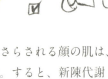

　冬は肌にとって厳しい季節。冷たい外気にさらされる顔の肌は、冷えの影響を受けやすく、血流が低下します。すると、新陳代謝が悪くなり、ターンオーバーが乱れたり、肌のバリア機能が弱まったりして、乾燥しやすくなってしまうのです。

　さらに、湿度の低下とともに肌の水分が蒸散しやすくなり、皮脂の分泌量も秋の約半分に。皮脂が減ると水分はますます蒸散しやすくなって乾燥が進む、という負のスパイラルをいかに断ち切るかが、冬のスキンケアのポイントです。

　まずは、うるおいを必要以上に奪っていないか、クレンジングや洗顔の見直しを。乾燥がひどいなら、水を使わずクリームやミルクタイプのクレンジング剤でメイクを拭き取り、化粧水で整える、という、準フランス式を試してみるのもいいでしょう。

　また、化粧水や乳液を重ねづけしたり、保湿効果の高いアイテムに切り替えたり、保湿アイテムを1品増やしたりすることも必要です。

　ただ、こうした寒さも「自然が与えた肌へのマッサージ効果」と考えれば、悪いことばかりではありません。加湿器などを上手に使って適度な湿度を保ち、暖かくなって肌の状態も上向いていく春を待ちましょう。

「イベント疲れ」の肌をいたわって

冬は暮れが押し迫ってくるのと同時に仕事が忙しくなり、さらにクリスマスや忘年会といったイベントも目白押し。愉しいけれど、寝不足や暴飲暴食がたたって、乾燥や血行不良、ニキビなどの肌トラブルの原因に。年末年始は1年で一番華やぐ季節。ハレとケ（ONとOFF）の"ケ"（OFF）の日には睡眠をたっぷりとってシンプルケアを心がけ、体力と肌の復活を待ちましょう。

「年齢は愛情から私を守ってくれないけど、
　愛情は私を年齢から守ってくれるわ」

ジャンヌ・モロー／女優

CHAPTER 3-6

クレンジング・洗顔は「温度」と「順番」がすべて

　クレンジング・洗顔では、いうまでもなくメイクや汚れをしっかり落としきることが大切です。ただし、それは「肌を傷めないように」という条件付き。肌へのダメージを最小限に抑え、それでいて汚れをきちんと落とし切るには、「温度」と「順番」がポイントです。

　まず、水の「温度」は"ぬるま湯"が正解。熱すぎると皮脂をとりすぎ、水はクレンジング剤などが肌に残りやすくなってしまいます。正確に言えば、ぬるま湯は32度くらいが「汚れを落とす」と「皮脂を守る」を両立させられる温度なのですが、「理論的に正しいこと」と「毎日続けられるかどうか」は別の話。もちろん、苦にならない人はいいのですが、顔を洗うときにいちいち温度を測るのは現実離れしておりますね。

　ぬるめの入浴温度は38度といわれている日本人の感覚では、「32度」はかなりぬるめ。多くの人は、じつはかなり熱いお湯で洗顔していることが多いので、「いつもよりぬるめ」で洗顔するようにしてみてください。

　また、乾燥防止には「順番」も重要。まずはポイントメイクを専用リムーバーでオフ。クレンジング剤や洗顔料は、手のひらの窪みにフィットする頬からいきたいところですが、グッと我慢。脂分の多いところから少ないところの順でのせていきましょう。

Tゾーン→Uゾーン→乾燥しやすい目もとや口もと、といった具合です。

「こんなことでいいの?」と不思議に思うくらい単純なことですが、こうした簡単な手順を見直すだけで、ひどい乾燥が改善することもめずらしくありません。高価な美容液に手を出す前に、「温度」と「手順」を見直してみてください。

なおクレンジングや洗顔料でマッサージするのはやめましょう。汚れが肌の上を何度も通過することに。洗顔料は肌に優しくするために泡立てて。またフェイスラインと髪のはえ際のすすぎ残しには気をつけてくださいね。

粘膜ラインは眼病のもと

知人の眼科医によれば、最近目に違和感を覚えて来院する若い女性が増えているそうです。原因は、目を大きく見せるための粘膜アイラインやキワまで入れるアイシャドー。ときには、顔料の黒いつぶつぶが浮いているどころか粘膜に取り込まれてしまっているケースもあるとか。まつ毛の生え際の内側には、マイボーム腺という脂分を分泌する部分があり、目の乾燥を防ぐのにひと役買っています。そのため、アイラインでふさいでしまうとドライアイや目のかゆみや炎症を引き起こすことに。目を大きく見せたいなら、まつ毛の外側のメイク法を変えるのはもちろん、アイメイク専用リムーバーできちんとオフすることも忘れずに。しみないベビーシャンプーを何倍にも薄めて、目を優しく洗うのもよいそうです。

CHAPTER 3-7

そもそも「保湿」ってどういうこと？

　本書でも、すでに「保湿」という言葉を何度も使ってきましたが、実は美容業界の中でもその意味を正しく理解している人は多くありません。保湿＝肌のうるおいを保つためのスキンケア、ということは知っていても、「うるおっているってどんな状態なの？」と問われると、「それは……」と言葉に詰まってしまう人が多いのです。
「肌がうるおっている」とは、肌が自ら保湿物質を生み、水分を蓄える力をもっている状態のことをいいます。
　肌のもっとも外側にある表皮は4層構造になっていて（55ページの図を参照）、その一番外側にあるのが角質層（医学的には角層）で角質層の水分の平均は15〜20％です。角質層には、3つの保湿成分「角質細胞間脂質」「NMF（天然保湿因子）」「皮脂」があり、角質層の水分を守っています。NMFが角質層の中の水分をぎゅっと抱え込み、「セラミド」をはじめとした細胞間脂質は角質がはがれないよう接着剤の役割を果たします。そして「皮脂膜」がヴェールをかけて角質層内の水分蒸発を防ぎ、はじめて肌のうるおいが保たれます。
　こうした肌が本来持っている機能は、季節の変わりめや加齢などで低下するため、それを補うのが保湿ケアの本当の目的なのです。

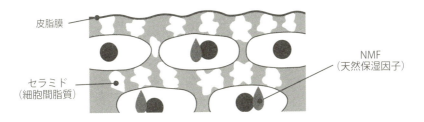

角質層

皮脂膜

セラミド
(細胞間脂質)

NMF
(天然保湿因子)

じつはフランス人は
"角質層"なんて言葉、
知らない人の方が圧倒的に
多いのよ。
皮膚の構造もよく知らない。
日本女性の肌が
キレイなのはこうやって
キチンと勉強している
からかもね!

CHAPTER 3-8

保湿ケアは化粧水と油分で

　保湿ケアは、うるおい＝水分を与えるというイメージがあるためか、化粧水をたっぷり使えばいいと思っていませんか？　残念ながらどんなに化粧水を使っても、外から与えた水分は蒸発するので、化粧水だけでは保湿にはなりません。シートマスクも、水分が角質層に浸透するのは一時的なもの。時間ともに蒸発してしまいます。

　テカリ防止から、油分は嫌われがちですが、これは間違いのもと。化粧水だけでは肌の水分量が低下してバリア機能が弱まり、乾燥や敏感肌の元になることもあります。

　水分だけでなく適切な油分も補給して「ヴェール」をし、水分の蒸発を防いで肌のうるおいをキープするのが、正しい保湿ケアです。特に女性の45歳以降は、通年で脂分分泌が少なくなるというデータがあります。

　肌がひどくカサつくなら、肌のバリア機能をきちんと働かせる保湿成分「セラミド」入りのクリームや美容液などがおすすめです。わたくしは、ブースター（導入）オイルのホースアクティブエイジオイル（Tv&Movie®）とエッセンス使いで、乾燥対策をしております。

その日、ひょっとしたら、
運命の人と出会えるかもしれないじゃない。
その運命のためにも、
できるだけかわいくあるべきだわ。

ココ・シャネル／デザイナー

CHAPTER 3-9

化粧水は「コットン」か「手」か

　化粧水をつけるのに、あなたは「コットン」と「手」、どちらを使っているでしょうか。

　よく、「手でつけると、化粧水が手に吸い込まれて顔に行き届かない」などといわれますが、これは典型的な美容都市伝説のひとつ。そんなに肌が水分を吸い取るなら、お風呂に入るたびに体が水膨れになってしまいますよね。

　もっともらしくいわれていることでも、よく考えてみると理屈に合わないことが美容の世界にはよくあります。何でも鵜呑みにすることなく、ちょっと立ちどまり自分の頭で考え、美容リテラシーを高めていきたいですね。

「コットンは肌を傷つける」という意見もよく耳にします。わたくし自身は、強くパッティングしたり、ごしごしこすったりしないのであれば、それほど気にする必要はない、という立場です。

　化粧水のつけ方の正解は、取扱説明書に明記されています。コットンの使用を勧めている化粧水は、コットンを使うことでもっとも効果が発揮できるよう作られています。コットンを使う場合は、肌に負担をかけないよう化粧水をたっぷり含ませ、やさしくパッティングしてあげましょう。ちなみに以前、フランスでは片面が少し粗い"ピーリング・コットン"なるものが売られており

ました。お国変われば……ですよね。
　どちらでもいいと記載してある場合、わたくしは手を使います。体温でほどよく温まるうえハンドプレスで浸透がよくなり、肌の状態を直接触れて感じながら、"五感"を使ったお手入れできるからです。

CHAPTER3-10

油分は「タイミング」が命

　化粧水が乾かないうちに美容液や乳液・オイル・クリームをつけるべきか、それとも乾いてからつけたほうがいいのか。ささいなことですが、毎日のことなので確かに気になりますね。これも、理論的に考えれば自ずと答えが見えてきます。

　化粧水が完全に乾かないうちに油分をつけたら、どんなことが起こるでしょうか？　この場合、油分が水分になじんでヴェールの役割を果たせなくなってしまいますし、そもそも肌なじみも悪くなりますよね。かといって、完全に化粧水が乾いてから油分をつけても、水分が逃げてしまったあとなので意味がありません。油分でフタをして水分を閉じ込めるには、化粧水の水分が角質層に浸透し、なおかつ蒸発してしまう前がベストです。

　……と書くと難しく感じますが、つまりは「顔を手で触ったときに、しっとりしているけれど、化粧水の水分が手につかない」状態のときが、油分をつけるべき最良のタイミングです。アイテムを肌につけたあと漫然と3分待ったら次のアイテム、また3分待ったら、という方法も同様の理由で間違いです。

日本コスメティック協会の検定試験のこと

　連日、メディアを賑わすまことしやかな"美容健康都市伝説"。どの情報が本物で偽物か。正しい美容情報を見極める"知力"を得るために立ち上がったのが、「一般社団法人・日本コスメティック協会」のコスメマイスター、スキンケアマイスターの検定制度です。知識は一生の財産。将来美容関連のお仕事に就きたい方はもちろん、自分のお肌を守るためにも、どなたにもオススメです。

公式HP → http://www.j-cosme.org/

CHAPTER 3-11

美容液・乳液・オイル・クリームはこう使う

　美容液は、両手のひらで顔全体に押さえるようにハンドプレスしてなじませましょう。パパッとつけるだけのときより、しっかり肌に浸透します。もちろん気になるところを重点的に塗り重ねてもよいです。美白やアンチエイジングの美容液は、予防の意味合いが強いものなので、塗る量が少なすぎたり、使う順番などを誤ると、最大限の効果が得られません。せっかく高価な美容液を使うのですから、製品の使用説明書（能書きともいいますね）をよくチェックして、有効に活用しましょう（最近では化粧水より先に使う導入美容液（ブースター）や、オイルなどもあるので、説明書をしっ

© Meiko Paris

かり読むことがとりわけ大切です)。

　乳液はUゾーンを中心に肌の上をすべらせるようにつけてください。ベタつきやすいTゾーンは最後に回して控えめに。

　オイルやクリームは、手のぬくもりで温めながら、乾燥しやすい目もと、口もとなどを中心につけていきます。顔全体の乾燥が気になるなら顔にまんべんなく塗ってもいいですし、ベタつくようなら乾燥している部分にだけピンポイントで使ってもいいでしょう。滑りのよいタイプは血行もよくなるし心地よいのでプチマッサージ気分で。時間があれば82ページの巡活マッサージをしてもよいでしょう。肌の状態によって、塗る量やパーツは調整してみてください。

CHAPTER 3-12

UVケアは"量"がポイント

▼　▼　▼　▼　▼

　UVケアクリームを使っているからと安心していたら、予想外に日焼けしてしまった……という経験が、誰にでも一度や二度あるのではないでしょうか。

　54ページでUVケア化粧品の選び方を紹介しましたが、正しいアイテムを選んでいるのにそれでも日焼けしてしまうなら、「使い方」に問題があるとみて間違いありません。

　実は、たいていの人がUVケア化粧品を使う量が「少ない」のです。

　SPFの数値は、肌1cm²につき2mgのUVケア化粧品を塗り、測定されています。しかし2mgというのは、みなさんが思っているよりも、かなり多い量。女性がレジャーのときに塗布する量を8つのUVケア化粧品で調べたところ、実際の使用量は1mgどまりだったそうです。このように塗布量が半分になると、SPFの値は時に表示の半分以下になってしまうのです。

　UVケア化粧品を塗るときは、二度塗りや「今よりも、厚めにムラなく」を心がけましょう。泳いだあとや汗をかいたあとは、塗り直しも忘れずに。

マナティ先生に聞いたら、メイクを落としてから日焼け止めを塗り直すのが本当のやり方だって言うんだけど……。そんなの面倒ぎるし、時間がかかりすぎてトイレが長いって彼に思われちゃう。

汚れや脂分をササッと拭いて、メイクの上から塗り直せばいいわよね！ってマナティ先生に食い下がったら、塗り直さないよりはいいってお墨付きをもらったわ。ま、そもそも日焼け止め自体を塗り忘れることの方が多いんだけど（笑）。

CHAPTER 3-13

1分でOK！
むくみやたるみに効く「巡活マッサージ」

　　　　　　　　　　マッサージが美容にいいとは知っていても、なかなか長続きしないもの。その点、わたくしが提唱している「巡活マッサージ」は、朝晩のスキンケアのついでにササッと実践できる、簡単で効果の高いケア法です。

　美容に効くマッサージといえば「リンパマッサージ」がよく知られています。これは、余分な水分や老廃物を回収するリンパの流れに沿ってマッサージすることで、それらの排出が促進され、小顔になれたり肌がきれいになったりするという美容法です。

　じつはリンパが回収する老廃物の量は、静脈の10分の1にすぎません。老廃物回収・排出の主役は、本来静脈なのです。

　ただし静脈は、年齢を重ねるごとにその働きが鈍ってきます。心臓のポンプ作用で動脈が送り出した血液を、心臓に押し戻す役割を担っているのが静脈です。血液を押し戻す際は、周りの筋肉や組織の動きを利用します。ところが、加齢とともに筋肉は衰え、運動量も低下しがちです。そのため、血液を押し戻す力も弱まり、静脈で血液の流れが停滞して、水分や老廃物の回収が十分に行えなくなっていくのです。

　それが、肌に透明感がなくなって顔色がくすんだり、フェイス

ラインがたるんできたりする原因のひとつとも言えます。そこで、静脈とリンパの両方に適度な刺激を与えてポンプ作用を助け、停滞している血流を改善。リンパが回収した水分や老廃物を効率よく静脈に流し込み、体外へ排出するサポートをしていきます。

　マッサージのポイントは、静脈が流れている位置を正確に把握し、その流れに沿って押しなでるように指を滑らせることです。
　まず、首の前面を走る「内頸静脈」という血管を、最初に鎖骨に向かって流します。顔の静脈の出口を開いておくためです。それから、静脈の流れを促す3つのポイント「耳珠」「耳垂」「マンディブラーノッチ（下顎切痕）」を目指してマッサージしていきます。これらの詳しい位置、マッサージ法は、イラストを参考にしてください。

　力加減にはじゅうぶん注意しましょう。皮膚を強くこすったり、引っ張ったりするのは、ダメージのもと。肌を摩擦から守るため、できればクリームやオイル、ジェルなどを使い、「皮膚の表面」ではなく、血管を押しなでる感覚で、心地よく感じる程度の強さで行ってください。
　マッサージは、いつ行ってもOK。自分のライフスタイルに合わせて、無理のないように取り入れていきましょう。わたくしは、朝晩のスキンケアに取り入れています。

　実際に行ってみると、その場で肌の色つやがよくなるのが実感できます。まずは3日続けてみてください。むくみが改善し、顔全体がリフトアップしたり、目がパッチリしたり、フェイスラインが引き締まったりと、うれしい効果を実感できるはずです。

これを習慣化すれば、慢性的なむくみが解消し、肌に透明感が生まれ、生き生きとした肌がよみがえってきます。さらに、静脈は全身を巡っていますから、これに手足のマッサージを加えることで、静脈の流れは改善し、全身の血行もよくなり、冷えや肩こり、不眠などが改善する例も報告されております。（詳細は「巡活マッサージ®」公式HP→http://junkatz.jp で）

スキンケアにほんのひと手間加えるだけ。わずかな時間で美と健康に大きな効果のある巡活マッサージ、ぜひ習慣にしてみてください。

ちなみに "老廃物はリンパよりむしろ静脈を中心に流していくもの" という巡活の理論をロジカルにフランスのマダムたちに話すとハッとされます。パリで巡活マッサージを取り入れているエステサロンがあるのですが、"一時的な効果ではなく、数日リフトアップがキープされる" と、マダムたちにもっぱらの評判。これは血液の循環が良好になると長い時間その効果が保たれるからなのでしょう。

またフランス人は下肢の静脈瘤で悩んでいる人が多く、軽いものであれば、定期的なプロの四肢施術で "血流を積極的に流す" ことで楽になるそうです。

静脈の滞りを流す3つのポイント

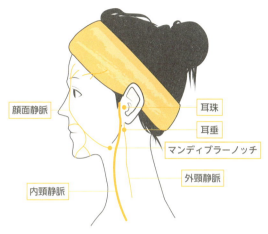

耳珠（じしゅ）　耳の穴の前の小さな突起部分。ほお骨から上半分の静脈血は、ここに流し込みます。

耳垂（じすい）　耳たぶの付け根の下部分。ほお骨から下半分の静脈血はここに流し込みます。

マンディブラーノッチ　あごのエラの角から約1cm前側にあるくぼみ。下顎切痕ともいいます。顔面中央部分の静脈血は、ここに流し込みます。

巡活マッサージのやり方

注意しなくてはいけないのが、タッチの強さ。皮膚をこすったり引っ張ったりはNG。あくまで優しく押し流すように。

①
老廃物の出口を作る

最初に、首を走る静脈の滞りを解消しておく。マンディブラーノッチ（下顎切痕・エラから約1cm前にあるくぼみ）に、反対側の人差し指から薬指までを当て、鎖骨に向かって5回流す。反対側も同様に。

②
目の下のむくみを取る

目頭に両手の中指と薬指を置き、頬骨の上を通って耳珠（耳の穴の前にある出っ張り）まで指を滑らせる。耳珠から①の場所を上から下に流す。これを5回繰り返す。

また摩擦を減らす意味でのびのよいクリームやオイルなどを使うことを推奨します。

③
**フェイスラインを
引き締める**
両手の人差し指と中指を曲げ、第２関節で、あごを前後から挟む。耳垂（耳たぶの付け根の下）までこすり上げる。耳垂から①の場所を上から下に流す。これを５回繰り返す。

④
**顔全体のむくみを
解消する**
目頭に両手の中指と薬指までを置き、頬骨の下を通ってマンディブラーノッチまで指を滑らせる。そのまま①の場所を上から下に流す。これを５回繰り返す。

CHAPTER 3-14

スペシャルケアは
本当に特別なときだけ

　パックやシートマスクなどのスペシャルケアを頻繁にやりすぎていませんか？　これらはたまに行うからスペシャルなのであって、回数が多ければいいというものではありません。

　普段のスキンケアは「やりすぎ」よりも、アイテム数を絞った「シンプルケア」の人のほうが、肌が美しいという傾向があることがはっきりわかっています。

　ただし、いつもと同じお手入れをしているのに乾燥するときや、紫外線をたっぷり浴びてしまったときなどは、シートマスクやパックでの集中ケアが必要です。また、女性ならではの勝負日、お呼ばれ、パーティの前なんかも気分的にスペシャルケアをしたいですよね。保湿や美白など栄養を与えるタイプ、泥でデトックスするタイプ、毛穴汚れをオフするピール（はがす）タイプなど、目的に応じて使い分けましょう。

　シートマスクの場合、注意したいのは顔にのせる時間を守ること。「時間が長ければ長いほど保湿効果が高まる」というイメージがありますが、それは大きな勘違い。シートマスクは吸水性が高い素材のものが多いため、乾いてしまうとシートが肌の水分を奪うことになり、かえって乾燥を招くことも。マスクをしたまま

寝てしまうのも、絶対にやめてくださいね。
　化粧水タイプのシートマスクの場合は、後で乳液やクリームなどの油分でしっかりとヴェールをして、うるおいを逃がさないようにするのも忘れずに。

シートマスク、
最近フランスでも
見かけるようになったわ。
でも、私は使わない。少なく
とも彼の前では。だって、
センシュアルからかけ離れた
あのシートマスク姿……。

私のママだって、
家族といるときにはメイクして
ちゃんとした格好をしているわ。
あんな姿をパパにさらしたら、
即離婚されちゃうでしょうね。
するならバスルームで
一人こっそりとネ。

究極のスキンケアは、やっぱり恋愛。そして視線

　恋のときめきが肌を美しくすることは、科学的にもよく知られた事実。恋する男性を前にすれば、ドキドキして各種脳内ホルモンが分泌され、肌はツヤツヤに。恋愛初期には高揚感と食欲を抑える効果のあるPEAが、そしてPEAの減少と反比例して増える"快楽ホルモン"であるβエンドルフィンやセロトニンが分泌されます。期間の長短に関わらず、恋愛は女性を美しくしてくれるのです。

　パリジェンヌはパリジャンたちの"視線"を糧にして、さらに美しさを増していきます。残念ながら、ここが日仏の大きな違いです。フランスをはじめとするラテン系の男性たちは、女性を頭からつま先まで眺める（鑑賞する）のが礼儀だと思っています。もちろん、その視線の根底には性的な意味合いが含まれていますから、女性の身体も身のこなしもそれに十分応え、セクシーな魅力が醸成されていきます。たとえ友人関係でも、女性のヘアスタイルが変わっていれば、何かしらコメントして褒めるのは当たり前。ましてやつきあっている彼女なら、メイクやランジェリー、むだ毛の剃り方にまで口を出します。

　女性の側も、視られることが大好き。男性の視線を"セクハラ"ではなく"賞賛"と受け止める文化があるのです。彼がメイクやランジェリーの好みを事細かに伝えてきても、自分に合うと感じたものだけを取捨選択して取り入れ、ストレスを感じることはありません。

　DNAこそ日本人ですが、思考回路はすっかりフレンチな息子

（次男）が8歳くらいのとき、「ママ、目の下のそのホクロ、ないほうがいいね。あんまりキレイじゃない」と言ったので驚いたことがあります。なるほどと思うところがあったので、さっそく処置に走りました。

　日本では、フランスのように男性たちに美のアドバイザー役を求めるのは難しい状況ではありますが、何歳になっても常に異性の視線を意識し、自分の魅力を開花させることに手間を惜しまないこと、年齢に関わらず、恋愛をする気もちを持ち続けることが、どんな美容術や小手先のモテテクニックより、あなたを美しくしてくれることは確かです。

CHAPTER 3-15

色気は「女の生理」がつくる

　いうまでもなく、女性は生理周期に合わせて女性ホルモンの分泌量が変わり、肌や体調が変化します。
　生理前は皮脂分泌を促す女性ホルモン（黄体ホルモン）の働きでニキビができやすくなりますし、生理のあとはコラーゲンを作るよう促す女性ホルモン（エストロゲン）が分泌されて肌の調子が良くなりツヤツヤしてきます。
　こうした生理周期を美肌づくりやダイエットに活用しようという考え方もありますし、それはそれでよいと思いますが、わたくしとしては「理屈で考えるより、体で感じて自然のままに」というアドバイスを贈りたいと思います。たとえば、肌の調子が良くて自分が必要を感じれば、ピーリングやマッサージなどのアグレッシブなスペシャルケアを行い、恋愛でも自分から積極的に仕掛けてみたり。もし、ニキビなどのトラブルが生じたらシンプルケアにとどめて心身を休め、彼に甘えるというように。

　それを体現しているのが、まさにパリ

ジェンヌ。1章でもお話ししたように、彼女たちは生理による肌のゆらぎさえも、男性を誘惑する手立てにしてしまうほど。自覚的であれ無意識であれ、その時々の自分を受け入れ、魅力的に見せることに小憎らしいほど長けているのです。

　頭であれこれ考えるより、自らの体調を直感的に感じ取り、動く。それこそが、とらえどころのない雌豹（猫科）のような色っぽさの源泉なのです。

確かに、パリジェンヌって
ガンバリすぎないし
自分の気もちに素直。いつも健やかで
自分をごまかしたくないから、
嫌なことは嫌って言うし、美しいもの、
美味しいものを五感で楽しみ、
気持ちよくなるのが大好き。
哲学的でもあるから理屈っぽいけど、
理屈っぽすぎない。
パリジェンヌを理解するのは、
ひとすじ縄ではいかないの。

CHAPTER 3-16

生理ダイアリーをつけてみる

　自分の体調を直感的に感じ取る？　そんなのよくわからない……というあなたは、毎月、生理を記録してみて。そうすると、

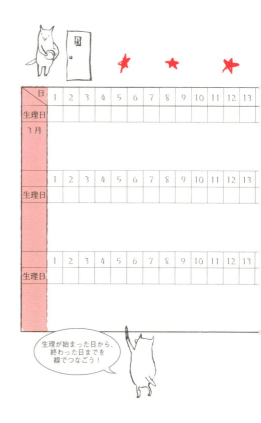

生理を中心に変化を見せる自分のゆらぎが、自ずと自覚できるようになるはず。ぜひ、パリジェンヌたちのように自分のゆらぎを味方につけて！

CHAPTER 3-17
美容医療を賢く使う

　高価な美容液や高級クリームは使うけれど、美容医療は敷居が高くて足が向かない。そんな人は多いかもしれません。

　もちろん考え方は人それぞれ。けれど少し頭をやわらかくして考えてみてください。大切なのは、まず「そのコスメに、自分はどの程度の効果を求めるのか」を、きちんと確認しておくこと。高機能性化粧品であっても化粧品や医薬部外品に分類されている限り、毎日使っても副作用がないことを基本に作られていますので、効果にも限界があります。医薬品とは違うのです。そのため、「シミを消そうとまでは思わないけれど、これ以上は増やしたくない」人なら美容液で満足感が得られますが、「このシミをできる限り薄くしたい」人には物足りなく感じられます。求める効果によって、選ぶべきケアは自ずと違ってくるのです。

　高価な美容液を使っているのに、なかなか思うような効果が得られないと感じているなら、思い切って高級コスメをやめ、その分フォトフェイシャルやピーリングといった美容医療を受けてみるという選択肢もあります。月2万円を美容液などに使っていれば、年間の出費は24万円にものぼります。効果を実感できないものに支払い続けるには、高価すぎるのではないかとわたくしは感じます。もし、本気で効果を求めるのであれば、美容皮膚科でフォトフェイシャルを1クール10〜15万円程度（1回2、3万

円×5回）や、ラジオ波（1回2～4万）を受けてみるのもいいでしょう。

　ただし、美容医療は一気に高い効果が期待できる分、リスクも伴います。だからこそドクターが丁寧なカウンセリングを行って、一人ひとりの肌に合わせたオーダーメイドの施術を行っているのです。そのため、カウンセリング時間が極端に短いクリニックや先生との相性がいまいちと思ったら避けるべき。迷いがあってはいけません。とことん選んで。また、レーザーやフォトフェイシャルはさまざまな肌タイプの人が利用できますが、照射後の反応を予測するのは難しいので、心配な場合は狭い範囲でのテスト照射を受けてみましょう。

美容医療、フランスだと若い女性はやらないわね。経済的に余裕が出てくる30代アップのマダムくらいかしら。

そもそもコスメに期待しすぎるってこともないわ。薬じゃないから効果も限定的だってことは、理屈で考えればわかるじゃない？私はまだ若いし、高級コスメよりランジェリーや本にお金をかけるわね。

CHAPTER 3-18

お手入れは「朝」より「夜」を重視する

　時間をかけた丁寧なお手入れは、忙しくて難しい……という女性は多いものです。でも、安心してください。スキンケアは、「正しい手抜き」をしたほうがお手入れを継続しやすくなり、かえってキレイに近づきます。信じられないかもしれませんが、これが真実。スキンケアは「夜」のほうに重点を置いて行い、「朝」はシンプルケアでかまいません。

　わたくしたちの身体には日が昇ったら目が覚め、日が沈むと眠くなるといったように、サーカディアンリズムという体内時計が備わっております。これに従えば、夜寝ている間に肌の代謝が活発化するため、朝、起き抜けの肌はみずみずしく、皮脂量も理想的。朝の元気な肌に、シートマスクや重すぎるクリームなどで栄養分を与えすぎると、かえって化粧崩れなどを招きやすくなってしまいます。

　反対に夜の肌は、昼間の紫外線や排気ガスなどにさらされたあとだけに、水分量が減少しているのに反比例して皮脂量は増加しています。それだけに、キレイな水分も油分もたっぷり与えてあげるケアが必要なのです。

スキンケアは朝よりも夜

サーカディアンリズムに従って、必要な物を補いましょう

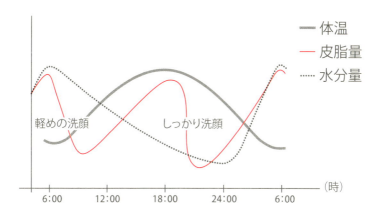

　特に時間のある夜には、好きな香りや音楽、彼とのおしゃべりでリラックスしながらのスキンケアがおすすめ。自分の好きなものに囲まれて過ごす時間は、何よりも美肌作りにパワーを発揮します。

　幸せを感じると脳内ホルモンが分泌され、自律神経のバランスがよくなり、肌が自ら健康で美しくなろうとするホメオスタシスの力で、ストレスに強い肌づくりをサポートしてくれるのです。

　ちなみに、わたくしのスキンケアタイムは、ローズやイランイランの香りに、オペラのアリアやクラシックを聴きながら、が定番です。

朝より夜のお手入れが大事ってことはわかるけど、夜は夜でデートなんかで忙しいの！私はふだんのお手入れは本当に簡単に済ませて、スペシャルケア頼みってことも多いわ（笑）。

CHAPTER 4

思わず触れたくなる
肌と髪をつくる
センシュアル・ボディケア

CHAPTER 4-1
パリジェンヌが熱心なのは
フェイスケアよりボディケア

　フェイスケアに手を抜いても、ボディケアには熱心なのがパリジェンヌ。フランスでは勝負下着が存在しません。なぜなら、常に"魅せる"ランジェリーを身につけて臨戦態勢だから。いつそのときが訪れてもいいよう、ベルベットのように吸い付くやわらかいボディを目指してお手入れに励んでいます。

　クリームやバーム、オイルなど、ボディケア商品のバリエーションも日本よりとっても豊富です。日焼けを好むフランス人は夏に肌を思いきり見せるファッションが大好き。セントラルヒーティングが普及していますから、冬でもコートの下はノースリーブだったりします。さらには、フランス人の男性はボディタッチを好みます。肌を見せる、触れあう機会が、季節を問わず日本より格段に多いのです。

　一方、日本女性はといえば、顔のケアには熱心なのに、ボディは二の次という人が多いように感じます。湿気の多いお国柄もあ

るのでしょうが、年齢を重ねるほどに角質の皮脂量はどんどん減少していくのですから、油断はできません。パリジェンヌたちの恋愛臨戦態勢を見習ってボディケアを習慣にし、「脱いでも美しい私」を手に入れましょう。

官能美容のススメ

　日常のボディケアのお気に入りは良質のアルガンオイルベースのダマスクローズのアロマオイル。香りがソバージュなオーガニックタイプはリラックス効果抜群です（メルヴィータ®）。

　バスタイムでは、てんさい糖を使った「シュクレ」のシトラスで全身ゴマージュ＋保湿です（アビサル・ジャパン®）。

　パートナーとの甘い戯れにも。

CHAPTER 4-2

「ついでケア」で手に入れる美しい上半身

　透き通るような素肌が色っぽい首やデコルテ、いつ見られても触れられてもいいしっとりした肩や腕。じつはこうした上半身のパーツは、顔に比べて汗腺が少なく、乾燥しやすいのが特徴です。

　意外と乾燥しやすいのは夏。肌の露出が増える夏は、首や腕などが日に焼けやすく、NMF（天然保湿因子）のなかでも保水の役割の大きいアミノ酸などが減少し、カサつくことが多いのです。冷房の影響による乾燥も無視できません。

　乾燥しやすい上半身は、入浴後のフェイスケアやハンドクリームを塗るついでに、化粧水やクリームを塗り伸ばす「ついでケア」でうるおいを保ちま

しょう。82ページで紹介した巡活マッサージは、首やデコルテの血行をよくし、肌の透明感をアップするので、ぜひ毎日のケアに取り入れてみてください。

ボディクリームは、もちろん肌のためでもあるけれど、「私だけ」の香りを作るための決め手にもなるの。
もちろん、皆がつける人気の香りなんて興味なくてよ。
フレグランスだけだと、万が一誰かとかぶることもないわけじゃないわ。そんなときは、ボディクリームとレイヤードすることでオリジナルの香りを作ることができるのよ。

CHAPTER 4-3

女っぷりを上げる角質ケア

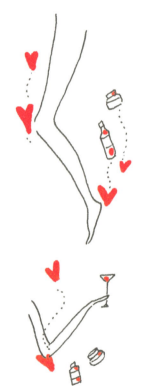

　あまりメイクをしないパリジェンヌですが、ひじ、ひざ、かかとといった角質がたまりやすいパーツは、しっかりお手入れされていてツルツル。「だって、彼に触れられてガサガサだったらガッカリされちゃうでしょ？」と言うから、さすがです。

　ひじ、ひざ、かかとにできる白いカサカサは、厚くなった角質層が乾燥して衣服や靴などでこすれ、浮き上がったもの。ひじやひざの黒ずみは、衣服などで繰り返しこすれて色素沈着してしまったものです。

　普段のバスタイムでは、タオルなどにしっかり泡立てた石けんをつけ、軽くすべらせるように丁寧に洗ってください、くれぐれも、

ゴシゴシ強くこすったり、軽石でガリガリやったりしないこと。お風呂から上がったら、保湿クリームをたっぷり塗りましょう。

通常のケアで解決しないときは、入浴後の肌がやわらかくなっているタイミングを見計らって、角質ケアを。角質クリームやスクラブ、ボディ用ピーリング剤などを使って、指の腹で円を描くように動かしていくと、古い角質がポロポロ取れていきます。肌の弱い人は、刺激の少ないクリーム系を選ぶといいでしょう。ケアのあとは、保湿クリームを塗るのも忘れずに。

ナマ脚の"魅せ方"も重要よ。私は脚をつややかに見せたいときは、ボディクリームの上にオイルを重ねて塗っているわ。
あと、ニュクス®の「プロディジュー オイル ゴールド」はバカンスの必需品。
控えめで上品なキラキラのパールパウダー配合で、リュクスな脚に仕上がるの♪
男を幻惑するために首やデコルテにもよく使ってるのよ。

CHAPTER 4-4
マッサージとオイル使いが
決め手の美脚ケア

　脚フェチの元祖は、レチフ・ド・ラ・ブルトンヌという18世紀のフランス人小説家だといわれています。印刷屋に勤めていたのですが、仕事そっちのけで親方の奥さんの脚に夢中になったり、パリで若い女性の売り子の脚にとり憑かれて脚を題材とした小説を書いたりし、歴史に名を残しました。「レッドソールは女性の服を脱がすための靴」と公言してはばからないクリスチャン・ルブタンの例を出すまでもなく、昔から現在に至るまで、フランス人は女性の美しい脚に魅了され続けてきたようです。

　足首がキュッと引き締まったメリハリある美しい脚は、女性にとって最大の武器。とはいえ、美脚づくりに大げさなことをする必要はありません。ボディクリームを塗るついでに、3〜5分間程度むくみをとるためのマッサージを習慣化してしまいましょう。
　1日の終わりには、リンパや水分が下半身に溜まり、冷えや疲労で血液循環も悪くなり、むくみが生じます。このむくみを放置してしまうと、脚が太くなる原因に。むくみを翌日に持ち越さず、その日のうちにケアすることで、ほっそりした美脚が手に入ります。

マッサージできちんと手をかけていると、5年後、10年後の脚が確実に違ってきます。わたくしがいつも入浴後に行っているマッサージを紹介しますので、ぜひトライしてみてください。

むくみがとれ、色っぽい足がつくれる美脚マッサージ
①手で足の指を親指から順番に、3回ずつ上下に動かす。
②こぶしの第2関節を使い、老廃物をつま先から足首に流す。これを3回繰り返す。
③両手のひらをふくらはぎに密着させ、ゆっくりと足首から膝裏までさすりあげる。両手を交互に使い、3〜5回繰り返す。
④今度は、すねの側（ふくらはぎの表側）を③と同じ要領でさすりあげる。

CHAPTER 4-5

"老け"を追い出すハンド＆ネイルケア

　手や爪は年齢が出やすいパーツ。手の甲のシワや爪の縦ジワが、せっかく美しく保っている顔や髪を台無しにしてしまうこともめずらしくありません。
　特に手の甲は、メイクでカバーする習慣がないため、「老け」が目立つ部分。もともと皮下脂肪が少ないところに、加齢によってますます皮下脂肪が薄くなり、血管が浮き出て筋張って見えてしまいます（じつは、欧米では手の甲にヒアルロン酸を注入してふっくらさせるという、若返りのプチ整形も人気です）。さらに、洋服などで覆われない部分だけに、外気や紫外線にさらされてシミができやすく、顔よりもターンオーバーが遅いのでくすみやすいという"三重苦"のパーツなのです。
　爪は髪と同じように皮膚の付属器官のひとつで、皮膚の表皮細胞が変形したもの。ケラチンというたんぱく質でできており、肌と同じく水分を吸湿してキープする働きがあります。爪の縦ジワはダイエットによる栄養不足や加齢が原因。爪は三層になっているので、家事で使う洗剤やエナメルリムーバーの使い過ぎなどで脱脂、脱水が進むと欠けやすく、2枚爪になってしまうこともあります。

　手と爪には、乾燥＆紫外線対策が欠かせません。外出時には、顔や身体に使うUVケアクリームを忘れずに手の甲にも塗りのば

しましょう。出先では、乾燥が気になるたびに"保湿系"のハンドクリームで潤いを補給してください。

また、乾燥を招く手の「水濡れ」を極力減らすことも心がけて。特にお湯と洗剤は皮脂と水分を奪うので、家事をするときはゴム手袋をして、水分はタオルでしっかりふき取りましょう。

水を使う前後には、シリコンやワセリンが配合された"保護系"ハンドクリームを使って保護します。新たな爪を生み出す爪母細胞がある爪の根元にも、しっかり塗り込んで。クリームの伸びや浸透力を高めるために、両手のひらで温めてから使ってください。

フランスでは、リビングや寝室など各部屋にハンドクリームを置き、とにかく気がついたら塗るを実践しているマダムもいます。

> パリジェンヌはネイルに関して、じつはとってもコンサバティヴ。素爪の人も多いし、塗ってもベビーピンクなどのナチュラルカラーや、赤やボルドーといったクラシカルなネイルが中心。アートするとしても、ベーシックなフレンチが多いの。男性から「キレイな手をしてるね」って触られたとき、指先がギラギラしていたりモードすぎたりすると、やっぱり美しくないもの。彼と指を絡ませたときや、褐色の肌の上に手をおいたときに、美しく映える色やデザインじゃなきゃ、セクシーじゃないわ。

CHAPTER 4-6

日本女性の美髪をつくるヘアケア

　入浴嫌いで知られるフランス人ですが、最近ではさすがにシャワーを毎日浴びる人が増えているといわれます。ただし、毎日朝シャンし、ヘアケアに励むことはまずしません。1年を通して乾燥しているフランスでは、美容院で「髪は毎日洗わないで。傷むから」と言われるほど。シャワーを浴びても「髪は汚れてないから洗う必要ないよね」と言う人が多数派なのです。

　高温多湿な日本では真似できないことですが、地肌や髪を荒らす「洗いすぎ」には注意したいところです。

　また、ヘアケアへの意識の差は、髪質の違いも関係しています。日本人の髪は、欧米人より太くてハリがありますが、キューティクルは薄くてはがれやすく、髪の栄養分が流出しやすい構造になっています。これに対して欧米人の髪は細くて本数が多く、しかもやわらかいわりには、キューティクルは傷みにくいといわれます。

　そのため、日本人女性にとってヘアケアは、美しい髪を維持するのにとても重要です。

　シャンプーやトリートメント、コンディショナーなどは、"流行"や"人気度"だけに注目せず、頭皮の状態と髪質、好みに合

ったものを選びましょう。以前、ノンシリコンのシャンプーやトリートメントが話題になったことがありますが、シリコンが配合されたシャンプーでも、自分の髪質に合っていれば、使ってもまったく問題ありません。頭皮の毛穴を詰まらせたり、髪の傷みを進行させてしまったりする粗悪品は、最近ではまずないからです。ただし、ボリュームを出して根元からふわっとさせたいのなら、ノンシリコンもよいかもしれません。

コンディショナーはリンスをリッチにした感じで髪の表面をコーティングするもの、トリートメントは髪の内部に有効成分が浸透して栄養を与えるものです。どちらも頭皮ではなく毛につけるようにして、しっかりすすいでください。

なお、「シャンプーやトリートメントは、価格の高いものほどいいのでしょうか？」という質問をよく受けますが、他のコスメと同じで必ずしもそうとはいえません。いくら高級でも自分に合わなければ意味がないからです。一方で、「高いものを使っている」という思いが「絶対キレイになれる」というプラシーボ効果を呼ぶことも期待できるので、余裕があれば使ってみるのも悪くはないでしょう。

CHAPTER 4-7

ぷるぷるうるうるの
唇をつくるリップケア

「pulpeuses!」 これは、フランスでぽってりした唇の女性にかけるちょっとエロティックな意味合いも含めた褒め言葉。pulpeuses は「果実のようにぷるんとしている」という意味なんです。

ただ、常に自信たっぷりのパリジェンヌが、唯一コンプレックスを感じているパーツが唇かもしれません。フランス人の唇は意外に薄く、年齢を重ねるほどに口周囲に縦ジワが入って老けた印象になりがちなのです。これは、1日に何度もキスをする習慣、喫煙、口をすぼめて発音することが多いフランス語などが関係しているといわれています。

日本でもぽってり色っぽい唇は永遠のあこがれですが、唇のかさつきや皮むけに悩まされる人は少なくありません。唇には皮膚にあるような皮脂膜がないため、水分が蒸発して乾燥しやすいのです。一方で、唇のターンオーバーは1週間程度。ターンオーバーに平均28日かかる皮膚よりも、ダメージがスピーディーに回復します。つまり、お手入れの効果が出やすいということです。

おすすめのケアは、週に1、2回のリップゴマージュ。専用のコスメや、はちみつと砂糖を混ぜたものを使います。唇に塗り、やさしくくるくる円を描くようにマッサージしてぬるま湯で洗い

流すと不要な皮や角質が取れ、つるつるすべすべの唇になります。そのあとは、リップクリームでしっかり油分を補いましょう。

　リップクリームは、横に動かして塗るだけでなく、唇のシワに塗り込むよう、縦に動かすのも忘れずに。

フランス人女優のなかでも、ぽってり官能的な唇で知られているのがエマニュエル・ベアールよね。でも彼女、「私の唇は整形」と告白したの。あの完璧なベアールでも、ふっくらした唇へのあこがれがあったのは意外だわ！

CHAPTER 4-8
彼との愛が深まる入浴法

パリジェンヌといえば「バラや泡のお風呂を優雅に楽しんでいる」というイメージがあるかもしれません。実際には、前にもお話ししたように、フランス人の入浴はシャワー中心。湯船には滅多に浸からないのです。

浸かるとしたら、それは彼との愛を深めるためだったり、リラックスしたいからだったりします。パリジェンヌのバスタイムが優雅に見えるのは、バラや泡のお風呂にアロマキャンドルが"日常"ではなく、週1、2回の"非日常"だからという裏事情もあるのです。

ただ、いくら時間に余裕があっても、これほどまでに官能的な夜を盛り上げるための演出を日本人がするかといえば……。こんな風に日常の中に遊び心を持ち込み、恋愛を味わい尽くそうというのは、さすが恋愛至上主義の国フランス、といわざるを得ませんね。

みなさんに体験してほしいのは、ロマンティックなバラのお風呂。バラの香りには肌のくすみを改善する成分ゲラニオールが含

まれているほか、複数の香りの成分に快感や催淫作用があるといわれています。

　レシピを紹介するので、ぜひ彼とのロマンティックな一夜を演出してみてください。

　バスタイムに、122ページのカップルマッサージの要領でお互い洗ったり、ゴマージュするのもおすすめです。

バラのお風呂のレシピ

A：スイートアーモンドなどのキャリアオイル………大さじ1杯
B：ローズのエッセンシャルオイル…3〜5滴

　AにBを加え、湯船にお湯を半分ほどはってから、蛇口の下に注ぎます。仕上げにバラの花びらを浮かせれば、センシュアルなお風呂の出来上がり。

CHAPTER 4-9

顔と同じお手入れが必要！
アンダーヘアのケア

　フランス男性が日本の女性と付き合ってもっとも驚くのは、何だと思いますか？　食習慣？　ファッション？　メイク？いえいえ、実は「アンダーヘアをナチュラルなまま放置していること」なんです。

　日本でもブラジリアンワックスの流行で、「アンダーヘアにもお手入れが必要」という概念はずいぶん浸透しましたが、それはあくまで「水着を着るため」といった意味合いが強いのではないでしょうか。

　しかし、アンダーヘアのお手入れは「衛生面」「大人のたしなみ」として当たり前、というのがグローバルスタンダードな考え方。とりわけ官能美容先進国のフランスでは、オフィシャルな場ではきちんと顔にメイクを施すのと同じく、すべてをさらけ出すベッドの上ではアンダーヘアやデリケートゾーンこそが"顔"になる、と考えるのです。

　「アンダーヘアの処理ってどうしてる？」とパリジェンヌたちにリサーチしたところ、「バスルームでいちゃいちゃしているときに、彼に手伝ってもらうの」と、答えた人が結構な数いました！　フランス男性が、

彼女のメイクやヘアスタイルに口を出すのはもちろん、「ここの毛は剃ったほうがいい。さわり心地が悪いから」などと、むだ毛にまで斬り込んでくることは知っていました。が、まさかアンダーヘアまでとは……。官能の国フランスの奥深さを知った瞬間でした。

　もちろん、エステで脱毛する人もいますし、セルフケアならワックス、電動シェーバー、かみそりなどを使います。ハイジニーナといって全部なくしてしまう人も意外に多く、なかには「メトロの切符」というユーモアたっぷりなネーミングのデザインを選ぶ人もいます。

　さて、日本ではどうすべきか。脱毛法やカットのスタイルは千差万別。いきなりハイジニーナでは抵抗がある人も多いと思いますので、彼と相談しながら最初は「Ｖライン」あたりからトライしてみるといいでしょう。インターネットなどでいろいろ調べてみてくださいね。

　ちなみに、クリニックなどでのレーザー脱毛は、施術に痛みがあり、やけどのリスクもありますが、今後の自己処理タイムから解放されることになるので、一考の余地ありです。また、アンダーヘアの白髪は一般にレーザーが効かないので、処置するなら若いうちに。

CHAPTER 4-10

オトナ女子のたしなみ♡
デリケートゾーンのケア

タシナミヨネー

　デリケートゾーンのケアも、フランスでは「女性なら当たり前のエチケット」の範囲です。フランス女性は幼い頃からビデを使ってデリケートゾーンを清潔にするよう習慣づけられますし、専用の洗浄剤なども普通に薬局やスーパーで簡単に手に入れることができます。

　清潔大国といわれる日本ですが、デリケートゾーンの市場規模はなんとフランスの10分の1以下。東南アジアのほうが、デリケートゾーンケアでは日本の一歩も二歩も先に進んでいるのが現実なのです。

　そもそも、なぜ専用の洗浄剤が必要なのでしょうか。実は、デリケートゾーンは口や鼻の中と同じ粘膜でできており、外敵から守ってくれる角質層を持ちません。そこで、角質層の代わりに粘液によってバリアをはります。ところが、外陰部のpHは酸性から弱アルカリ性。強いアルカリ性のボディシャンプーでゴシゴシ洗ってしまうと、洗いすぎで乾燥やかゆみ、赤みを招いてしまいます。さらに、アレルゲンも侵入しやすくなるので、黒ずみなど粘膜の劣化につながることもあるのです。

　こうした理由から、デリケートゾーンには専用の洗浄液を使うのが断然おすすめです。ちなみに、洗浄剤を使って洗うのは外陰

部や膣の周囲だけ。膣の内部は酸性で自浄作用があるので、洗浄液は不要です。

また、日本の婦人科のドクターいわく、いくら清潔にしても、「臭い」について悩んでいる日本女性は多いそうです。臭いには個人差があり、解決が難しいそうなのですが、これについてもフランスでは専用の香りのスプレーがごく普通に売られています。

官能美容発展途上の日本では、婦人科医から医療系の製品を推薦してもらえますが、センシュアルさに欠けるのが難点です。最近では、フランスからデリケートゾーン専用ケア製品が上陸しはじめているので、ぜひお試しを。フランスでは「SAFORELLE」（サフォレル）、「Rogé Cavaillès」（ロジェ・カヴァイエス）などが有名ですが、植物処方で優雅な香りの「WOMAN essentials」（ウーマン エッセンシャルズ）や、世界35カ国以上の国や地域で人気を博している「Lactacyd」（ラクタシード）などは、通販で購入できます。

"顔"だけに偏ったお手入れを脱し、愛する人の目にしか触れない女性性の源を丁寧にケアする。それが、パリジェンヌのようなセンシュアルな生き方や恋愛を可能にする第一歩かもしれません。

パリジェンヌは、
デリケートゾーン専用の
デオドラントをバッグの中に
しのばせておくのがエチケットかも。
だって、彼とコトが起きる前にシャワーを
浴びてしまうと、フェロモンまで洗い流されてしまって台無しじゃない？
でも、アソコの臭いだけは
女のたしなみとしてケアするべき。
だから、手放せないの！

CHAPTER 4-11

愛を長もちさせるカップル・マッサージ

　日本では、メールで済む用事でわざわざ電話をかけないのは当たり前になっていますが、フランスはまだまだ生身のコミュニケーションが主流。ハグして頬や唇を合わせるビズの習慣がありますし、メトロやカフェで初対面の人同士がおしゃべりで盛り上がることもめずらしくありません。男性が女性をナンパするのもごく当たり前の風景です。

　こうしたコミュニケーションやスキンシップがなければ、恋愛やセックスには発展しにくいもの。日本では、結婚前からセックスレスで悩むカップルも増えているといわれていますが、仕事や日常の雑事で忙しいなか、気もちをスパッと切り替えてラブタイムへと突入するのはなかなか難しいものがありますよね。

　フランス人のカップルは、こういうときの対処法も心得たもの。「疲れたでしょ？」とさりげなく肩や腰をほぐし合ったり、彼が髪をなでてくれたりするうちに気分が盛り上がってくることもあれば、そのままいちゃつきながら眠りにつくこともあります。フランス流スキンシップは、性的な意味を含む場合もそうでない場合もある、グレーゾーンに位置するもの。日本の場合は、「するか」「しないか」と黒白はっきりしたスキンシップが多いのかもしれません。

たとえベッドタイムに結びつかなくても、カップルにとってスキンシップには大きな意味があります。

　じつは、好きな相手の体に20秒以上触れることで、オキシトシンというホルモンが分泌されるといわれています。これは、"幸せホルモン"の一種で相手に愛しさや親密さを感じて関係性を強化する働きがあります。恋愛初期のドキドキが消えても、カップルがお互いへの愛情を失わないのは、このホルモンの働きによるものなのです。

　マッサージは、気持ちのいいところをさすったり、なでたりするだけでOK。もちろん、さまざまな本を参考にしてもいいのですが、頭よりお互いの体で感じるほうを優先させるのがフランス流かもしれません。

彼をその気にさせたいなら、マッサージにはイランイランやジャスミンなどの催淫作用のあるエッセンシャルオイルを使って、Tバックと間接照明で勝負よ!?

パリジェンヌの"励まし合いプチ断食"

「Le gras, c'est la vie」

これはフランス人がよく口にする言葉で、直訳すると「脂肪こそ人生だ」という意味。脂肪は旨味という認識の元、「食べるのを我慢して長生きするより、好きなものをめいっぱい食べて楽しみたい」というのがフランス人の生き方なのです。

とはいえ、太ってスタイルが崩れてしまえば移り気なパリジャン、パリジェンヌたちのこと、サーッと次の相手を探し始めてしまう可能性が大。それだけに、彼、彼女たちにとってダイエットは「日常の生活習慣の中に取り入れて、さりげなくするもの」。したがって、スーパーモデルやハリウッド女優が推奨するストイックな最新ダイエット法に対する見方は、「ノンノン、ストイックすぎ、アグレッシブすぎてダサいわ」といたって冷ややかです。

フランス流ダイエットは、無理なく健康的にできるものばかり。いくつか具体例を紹介してみましょう。

・質の良いものを多種類・少量食べる。

・体重より見た目の増減に着目する。

・ジムに通うより、ウォーキングや自転車、階段の上り下りを習慣化する。好きでないことはムリしてしない。スポーツが嫌いならしない。

・ストレスになるようなアグレッシブなダイエットには手を出さない。減量は最大でも月2キロまで。

ただし、クリスマスが近づくと、このやり方が通用しなくなってしまいます。日本でもお正月太りという言葉がありますが、フ

ランスでもそれは同じ。学校も会社もノエル休暇に入るため、多くの人が実家に帰省します。特に地方に実家がある場合には、お呼ばれとおもてなしの連続。地方の食事量はパリの3割増しなのに加え、寒さで運動せず、ものぐさになっているのですから、何が起こるのか結果は目に見えています。

そこでパリジャンとパリジェンヌが取り組むのが、"フランス流　励まし合いプチ断食"。連日のお呼ばれで、過食にならざるを得ない時期の1週間前からプチ断食をスタート。食べ過ぎる日々に先立って、2キロほど落としておくのです。

プチ断食は、1日3食のうち、1食は思いきり食べ、あとの2食は野菜ジュースやサラダ中心の食事に置き換えるというもの。食事の回数自体を減らしてもよく、週末は野菜だけの食事を摂ります。

そして大いに飲み食いした宴のあと、新年が明けてからは再びプチ断食を敢行！　食後にデトックス効果のあるミント、バーベナ、カモミールなどのハーブティーをプラスすれば、疲れた胃腸も休めることができます。コーヒー代わりに1日数杯飲むのがお勧めです。

あれ？　"励まし合い"は？　そうなんです、これを恋人や友だち、夫婦同士などで励まし合いながら実践すると、効果は倍増するとのこと。お互い常に素敵な男と女でいるために、仲良く一緒に努力を惜しまない。ダイエットまで愛を高め合う媚薬の一つにしてしまうなんて、さすがはアムールの国ですね。

「女の色気はね、学ぶものじゃなくて
"ある"か"ない"かよ」

(映画『8人の女たち』)

CHAPTER 5
肌トラブル&エイジングと ゆるやかにつきあう

CHAPTER 5-1　大人ニキビ

「かわいそうに、疲れてるの？ こんなところにニキビができて……」

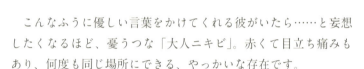
カワイソウニ…

　こんなふうに優しい言葉をかけてくれる彼がいたら……と妄想したくなるほど、憂うつな「大人ニキビ」。赤くて目立ち痛みもあり、何度も同じ場所にできる、やっかいな存在です。

　皮脂が毛穴に詰まり、アクネ菌が炎症を起こすというメカニズム自体は思春期ニキビも同じ。ただし、毛穴が詰まる原因が「成長期に入り皮脂分泌が過剰になるため」とはっきりしていて、皮脂腺の多いＴゾーンを中心にできる思春期ニキビに対し、大人ニキビはさまざまな要因が複雑に絡み合ってできるもの。不規則な生活やストレス、睡眠不足、運動不足、栄養の偏りなどが、過剰な皮脂分泌や肌のターンオーバーの乱れなどにつながって角質が肥厚し、毛穴がふさがってしまうのです。そのため、発生場所も皮脂腺の多い場所に限らず、あごや口の周りなどの乾燥しがちなＵゾーンにもよくできます。

「原因が特定しにくい」「治りにくい」「色素沈着して跡が残りやすい」と三重苦の大人ニキビが慢性化しているなら、真っ先に皮膚科を受診することをお勧めします。欧米では、ニキビに効果の高いレチノイン酸の内服が認められているため、パリジェンヌは皮膚科受診が基本。残念ながらこれは日本未承認薬ですが、日本の皮膚科でもビタミン剤、抗生剤などの内服薬に美容皮膚手技的

なピーリングやビタミンCイオン導入を組み合わせると、効果が出やすいとされています。

お手入れは、保湿がポイント。「脂っぽいから化粧水だけ」はNG。乾燥は角質肥厚を招き、かえって毛穴詰まりの原因に。コスメを選ぶときも「オイルフリー」や「ノンコメドジェニック」（ニキビができにくい成分でできているコスメ）の記載は参考程度にとどめましょう。

原因が一つに絞れない大人ニキビを、コスメだけで治そうとするのは無理があります。卵、レバー、玄米といったビタミンB_2、B_6を積極的に摂り、睡眠をしっかりとって規則正しい生活を心がけるなどニキビができにくい体質を作る習慣を心がけて。

また、ニキビを気にしてばかりいると、その存在そのものがストレスになってしまいます。ニキビ用のコンシーラで隠してしまう、あるいは「仕事が忙しかったストレスがニキビとして噴出しちゃったのね。今週は小休止しましょ」と肌のゆらぎを受け入れ、自分の身体と対話する。そんな余裕がセンシュアルな美につながるということを、覚えておいてくださいね。

パリジェンヌはピルをよく内服しているの。これでニキビができにくいってこともあるわ。

大人ニキビができたときは、彼に甘えるチャンス。「ちょっと疲れたみたい」って言えば、どんなお願いも聞いてもらえるから、女王様気分が味わえるわ（笑）。

CHAPTER 5-2　乾燥

「あれ？　肌が粉ふいちゃってるけど、どうしたの？」

　お肌のカサカサを彼に指摘されるなんて事態は、極力避けたいところ。きちんと保湿ケアをしているつもりでも、加齢や夏の紫外線、冬の乾いた冷たい外気などが容赦なく襲いかかり、セラミドやNMF、皮脂などの保湿物質が作られにくい状態に陥ってしまいます。こうして角質が乾燥すると、肌のバリア機能が働き、角質を作って肌を守ろうと未成熟な角質層が次から次へと作られて、硬くゴワゴワした肌になってしまうのです。

　対処法としては、自分では守りきれなくなってしまったセラミドやヒアルロン酸といった保湿成分を配合した美容液などをスキンケアに加え、外から補給してあげましょう。
　また、外出したあとの日中に肌の乾燥を感じるのは、朝の保湿ケアが十分でなかった可能性があります。化粧水を2～3回重ねづけしたあと、乳液＋クリームやオイルなど油分のダブル使いでうるおいを逃がさないようにしたいところです。
　乾燥が進んで肌のバリア機能が低下すると、赤くなってかゆみが出たり、化粧水がしみたりすることがあります。こういうとき

は、しみるものの使用は一時中断し、肌を休ませるのが正解。ワセリンなどで水分の蒸発を防ぐだけにとどめます。ただし、外出するならUVケアは必須。パウダーなどを軽くはたいて、紫外線を防ぎましょう。

脂肪が少なすぎると、女性ホルモンがうまく働かなくなって、肌の乾燥やたるみを招くんですって！　過度なダイエットは美肌を損なうし、ガリガリだと抱き心地も今一つよね。おいしく食べて適度にお散歩するのが、結局は肌にもボディにも一番いいのよ。

CHAPTER5-3　シワ

「笑うとできるその目じりのシワ、たまらなく色っぽいね」

　こんな賞賛の言葉をしょっちゅうかけてくれるパリジャンたちに囲まれていれば、シワも気にならなくなるのかもしれませんが、やはり余計なシワはないに越したことはありませんね。シワは「乾燥による肌表面の小ジワ」と「真皮にまで及ぶ深い真皮性のシワ」の2タイプに分けられます。

　もともとシワは、肌のキメが加齢や乾燥によって乱れることによってできてしまうもの。キメは、細い線のように見える"皮溝"と皮溝に囲まれた"皮丘"からできています。10歳頃までは皮溝も均一で皮丘もそろっているのですが、20代に入るとキメが乱れ始め、30歳前後では皮溝の深さが不均一になり、小ジワになってしまうのです。

　小ジワは、しっかり保湿ケアすれば、かなり改善できます。ヒアルロン酸などの保湿成分配合の化粧水やクリームなどを使い、皮溝や皮丘を正常な網目状に整えれば、キメがそろってシワが目立たなくなります。

　この小ジワが進行すると、真皮性のシワになってしまいます。真皮性のシワは、加齢や紫外線による光老化などによって、肌にハリを生み出す真皮のコラーゲン線維の弾力や量が低下したため

に起こる老化現象のひとつ。また、本来ならおでこや眉間、ほうれい線など、表情の動きに沿ってできる表情ジワはもともと一過性のものですが、表情を戻してもシワが消えなくなってしまったら、真皮が劣化して深い真皮性の表情ジワへと進んでしまったサインです。

　小ジワが真皮性のシワへと進行するのを遅らせるには、保湿ケアを徹底させましょう。乾燥はバリア機能の低下を招き、有害物質が侵入してコラーゲン線維を変性・断裂させてしまいます。もちろん、肌の組織を傷める紫外線対策も忘れずに。深い表情ジワは、皮膚の弾力低下などでできるので、通常のコスメを使ったスキンケアではシワをなかったことにすることはできません。どうしても気になる場合には、美容皮膚科でボトックス注射、ヒアルロン酸注入、光治療、または深めのピーリングなどを組み合わせた複合治療といった選択肢もあります。

「シワが嫌なら、ずっと前に笑うのを止めればよかったのよ！」と言ったのは、ザ・ボディショップの創業者、アニータ・ロディック。私は、この言葉が大好き！　できたシワを後悔するよりも、笑いのある幸せな生活を送ってきたことのほうに誇りをもちたいわ。

CHAPTER5-4　たるみ

「ポニーテール似合ってるね！
なんだか今日はすっきりした顔してる」

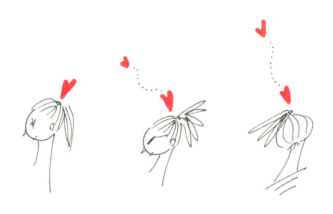

　すっきりして見えるのは気のせいではなく、ポニーテールにすることでまぶたや目の下、フェイスライン、ほうれい線、口元、縦長になってきた毛穴などがキュッとリフトアップしたから。肌がたるむメカニズムは、シワとほぼ一緒です。

　肌のハリをつかさどる真皮にあるコラーゲンやエラスチン、その間を埋めているヒアルロン酸などの量や質が低下すると、筋肉が少なく皮下脂肪の多い部分（頬など）が重力に引っ張られて「たるみ」に、筋肉が多く皮下脂肪が少なくたるまない部分（おでこなど）が「シワ」になるのです。

　そのため、たるみのケアはシワと基本的には同じ。シワ用、たるみ用とさまざまな化粧品がありますが、厳密に使い分けなくても問

題ありません。ヒアルロン酸やセラミドなどの保湿成分を補い、抗シワやエイジングケア成分が配合されたアイテムを１品、いつものスキンケアに加えてみてください。

　なお、たるみの原因はコラーゲン線維の衰えのほか、皮下脂肪のつきすぎや血行不良によるむくみなども関係しています。頬がブルドッグのように垂れ下がってしまうのを防ぐためにも、82ページの巡活マッサージで新陳代謝や血液循環を高めるお手入れを行いましょう。

　たるみのケアは「予防」が中心で、本格的にできてしまったたるみをスキンケアで元通りにすることはできません。

　ほうれい線などは、美容皮膚科で行うヒアルロン酸注入が即効性がありますが、半年ほどで吸収されるため、継続的な注入が必要です。真皮層まで熱を行き渡らせ、たるんだコラーゲン線維を引き締める効果のあるラジオ波（高周波）を使ってリフトアップする施術もあります。こうした施術にはメリット・デメリットがありますので、費用の面などで継続していけるかなども含めて担当医師とじっくり話し合ってくださいね。

CHAPTER 5-5　シミ

「シミだって可愛いよ♡
（でも、ちょっと目立つ……かな？）」

　本書が目指すのは、「一点のシミもない肌」ではなく、パリジェンヌのような「セクシーで知的な女」になって、パートナーにシミまでも深く愛されること！　とはいえ、一つでもシミは少ないほうがいいと思うのが女心です。

　紫外線が原因で起こり、最初は薄くてだんだん濃くなっていく「老人性色素斑（日光色素斑）」は、代表的なシミの一つ。頬骨のあたりに出現する「肝斑」は、左右対称なのが特徴です。妊娠中や30代〜40代にできやすく、閉経で軽減するため、女性ホルモンのバランスが関わっていると考えられています。

　このほか、遺伝性の「そばかす（雀卵斑）」、ニキビや虫刺されによる炎症が色素沈着して跡が残った「炎症性色素沈着」、加齢などによってイボのように盛り上がる「脂漏性角化症」、急激な日焼けによって肩から背中にかけてできる「光線性花弁状色素斑」など、シミの種類や原因はいろいろです。

　ただし、どのシミであっても「紫外線は大敵」という点は共通しています。大切なのは「予防」です。メラニン生成を抑制する力がある美白コスメですが、できてしまったシミを完全に消すことはできません。夏以外でもＵＶカットクリームや美白コスメな

どを使い、紫外線による刺激を避けましょう。

また、メラニン色素細胞は神経系と密接な関係があるといわれています。つまり、メンタル次第でシミの濃度が左右されてしまうことも！ シミを気にしすぎてクヨクヨ悩むより、「シミがあっても彼から愛されている私♡」と、自分に自信をもつことも立派なケアになります。

なお、「シミにはとにかく美白コスメ」というイメージがありますが、メラニン色素を原因としていない「脂漏性角化症」、肌の奥深くで大量のメラニンが生成される「光線性花弁状色素斑」などには効果がないといわれています。そもそも美白コスメは漂白剤ではなく主に予防に使うもの。シミはタイプごとに対処法が異なります。見分け方も難しいので、皮膚科で診断してもらうのがベストです。

> 日本人は肌がきれいだから、シミが気になるのね。でも、顔のシミひとつだけに注目する人（特に男性）って、そうそういないから気にしてもしょうがないんじゃない？
> 美はトータルで決まるものよ。

CHAPTER 5-6　くすみ

「大丈夫？
顔色が悪いみたいだけど……」

　部屋で2人でくつろいでいるとき、彼にこんな
言葉をかけられてしまったら、それは「くすみ」のサインかもし
れません。あるアンケートによれば、くすみを感じている女性は
約8割にのぼり、年齢が高くなるにつれて増える、という結果が
出ています。

　ただし、何をもって"くすみ"というのか、じつははっきりし
た定義はなく、「透明感がない」「どんよりしている」「にごりが
ある」など、感じ方も人それぞれ。乾燥やターンオーバーの乱れ
で、古い角質が落とし切れていない、寝不足や冷えなどで血行が
悪くなり顔色がさえない、あるいは日焼けや色素沈着で肌がくす
んで見えているなど、原因もさまざまです。

　原因がはっきりしないときは、まず「保湿」を徹底するところ
から始めましょう。セラミドやヒアルロン酸配合の保湿化粧品な
どでケアすると、ターンオーバーのサイクルが整って古い角質が
はがれ落ちやすくなり、肌色がトーンアップするはずです。

　それでも「まだくすんでる……」という場合には、古い角質が
溜まって保湿成分が浸透しにくくなっている可能性があります。
角質ケア用の酵素洗顔料やふきとり化粧水、ピーリングなどを使
い、古い角質を除去しましょう。なお、ピーリングは肌状態と相
談しながら行うこと。最近は、肌に負担の少ないタイプが増えて
いますが、弱っている肌を守ろうとして角質が肥厚していること

138

もあるため、肌の調子が悪いときは避けたほうが無難です。ピーリングのあとは、角質層が薄くなっていますから、保湿ケアを忘れずに。

　疲労や寝不足での血行不良によるくすみには、82ページの巡活マッサージを取り入れて。スチーマーやホットタオルも有効です。日焼けや色素沈着が原因の場合は、美白コスメでメラニンの生成、蓄積を食い止めましょう。

彼と出逢ったのはタバコの火を貸してもらったから。だけどそろそろやめなきゃ。喫煙は毛細血管を収縮させ、血行不良を招く原因になるんですって。早くエイジングするともいうし。
パリもカフェやレストランが全面禁煙で、そもそも吸う場所もなくなってきたし。

CHAPTER5-7　クマ

「もしかして、パソコンのやりすぎ？
今日は早く寝ようね」

　彼との甘い夜を期待していたのに
「休んだほうがいいよ」と促された
ら、あなたの目の下の「クマ」は相
当重症かもしれません。

　長くパソコン作業をしたときや睡眠不足のときなど、いつの間
にか目の下に広がるクマ。そのうれしくない存在感は抜群で、ま
たたく間に老け顔、疲れ顔を作り出してしまいます。

　クマは大きく3タイプに分けられます。ひとつめは「青グマ」。
目元は皮膚が薄いため、血行不良による血液のうっ血が青黒く透
けて見えるのです。ホットタオルやスチーマーなど、血行をよく
するケアで目立たなくなります。

　ふたつめは「黒グマ」。老化によって目の下がたるみ、影で黒
く見えてしまうタイプです。残念ながら、一度できてしまったた
るみを元に戻すことはできません。レチノールなどハリ感を出す
成分が配合されたアイクリームを使うことで、エイジングをゆる
やかにしていきましょう。

　みっつめは「茶グマ」。これは色素沈着を起こしているタイプ。
デリケートな目元は、洗顔やメイク落としのときなどにゴシゴシ
こすったりすることで、色素沈着を起こしてしまうことがありま
す。シミなどと一緒で完全になくすことはできませんが、美白コ

140

スメをデイリーのお手入れに組み込み、根気よくケアしていきたいところです。

クマはスキンケアだけではなかなか改善しにくい、というのが現実。コンシーラやファンデーションでカバーしながら、お手入れを継続していきましょう。

フランス人は、クマがある状態がデフォルト。肌の色や彫りの深さなどが関係しているから、自分ではどうしようもできないの。コンシーラでパパッとカバーするくらいはやるけど、気にしすぎてもしかたないわ！

「他人と異なる自分らしさを消したくないから、流行のリフティングもしようと思わない。そのほうが、娘たちに『将来こうなるのよ』っていう見本になるじゃない」

(ジェーン・バーキン／女優)

CHAPTER 5-8　専門医①

「セルフケアで治らないなら、専門家に相談したら？」

　フランス人はいたって合理的な人たちなので、肌にトラブルが起きたらすぐ皮膚科を受診して処方箋をもらう、あるいは薬局で薬剤師と相談して化粧品を選ぶという風に、専門家を活用する習慣が根づいています。

　それに比べて日本は、わたくしが日本で臨床医をしていた時代から、個別にカウンセリングを行っている現在に至るまで「どうして、こんな状態になるまで皮膚科医に診てもらわなかったの⁉」と感じるケースが実に多いのです。

　「こんなことくらいで病院にかかっていいの？」と思うかもしれませんが、間違ったセルフケアは百害あって一利なし。ニキビがひどくなった、コスメで赤くなった、色素沈着や色が抜ける、などの異変を感じたら、すぐ皮膚科を受診しましょう。

　なお、同じニキビでも、病気として保険の範囲内で治療するのが一般の「皮膚科」、ニキビ跡や再発の可能性まで考慮しながら、よりきれいに治していくのが「美容皮膚科」です。

　皮膚科の医師にカウンセリングしてもらい、レーザーや光治療などの美容医療を積極的に行う「美容皮膚科」は、「結局、エステと同じでは？」と思う人もいるかもしれません。
　しかし、大きく違うのは、カウンセリングをしてくれるのが皮膚のスペシャリストである皮膚科医であること。さらに、同じように光を当ててシミを薄くする機器を使っていても、医療行為のできないエステでは、光の出力が小さいものしか使えないのに対し、美容皮膚科では光の出力が大きいものを使い、さらに患者さんのシミの種類に合わせて出力を調整してくれます。肌の悩みを本当に解決したいなら、美容皮膚科を利用することをおすすめします。

CHAPTER 5-9 専門医②

「その美容皮膚科医って男？ まさか、口説かれてないよね」

　ヤキモチ焼きのフランス人男性が、こんな風にいちゃもんをつけてくるかはわかりませんが、美容皮膚科医を選ぶときに注目すべきは性別ではなく、次の3つです。
①電話での対応が丁寧
　スタッフの電話での対応が悪かったり、要領を得なかったりするクリニックは、基本的にお勧めできません。トラブルの原因を知るためのパッチテストなどができるか、ドクターが学会認定皮膚科専門医かも必ずチェックしましょう。
②各施術の治療法に精通しているか
　美容医療は歴史が浅いだけに、治療法も医師のレベルもじつにさまざま。経験豊富で評判はいいか、ホームページなどに学会発表や論文などの業績がしっかり書かれているか、チェックしておきたいところです。また、新しい施術などの情報収集に積極的かどうかは、医師にカウンセリングしてもらう際、「アメリカで流

行っている●▲療法というのをネットで見たのですが、貴クリニックで受けることはできますか？」「美容皮膚科の学会での治療のトレンドって何ですか？」といった質問をぶつけてみればある程度判断がつくはずです。

③カウンセリングが丁寧

カウンセリングがおざなりなクリニックは信頼できません。あなたの話にしっかり耳を傾けてくれ、施術のメリットだけでなく、デメリットについてもきちんと説明してくれるかどうかが判断基準になります。

ただし、しっかりしたクリニックを選べたとしても、「美容皮膚科は1度で劇的な効果が得られる」という思い込みは禁物。美容皮膚科が得意とする、メスを使わない「ノーサージトリートメント」は、"お試し"一度でも効果は実感できますが、半永久的に持続するものではありません。自由診療で、施術料が皮膚科やエステより高めに設定されていることもあり、定期的なメンテナンスを継続できる予算があるかも考慮に入れるべきポイントです。

たとえば、一般的な肌質改善のフォトフェイシャルなどは、5回で1クールの施術を受ける方が、効果がはっきりするといわれています。1回3万円として5回で15万円。これを半年に1度行うとして年間30万円が必要という計算です。「そんなにするなら、私は彼と旅行に行くほうを選ぶ」という考え方もありですし、「高額の美容液を止めて美容医療に回す」といううやりくりもあり。自分の価値観に合わせて、考えてみてくださいね。

エピローグ

美しくなるのに一番大切なこと

　美は表象ではなく意志である。── Beauty is not an image, but a will.

　表象とは、あなたの頭に浮かぶ美しさのイメージ。イメージは、自由奔放にいくらでも思い描くことができます。
　わたくしもずっと「描かれたイメージにどう近づいていくか」が美学や美容のテーマだと思ってきました。しかし、どうもしっくりきません。もっと大切なものがあるのではないかと、考えに考えてようやく気づきました。
　それが意志です。大切なものは、あなたの意志。美しくなりたい、美しくありたいという、あなたの強い意志そのもの。いくらイメージしたとしても、そのイメージはあなた自身ではありません。あなたという主体（あなた自身）はどこにありますか？　イメージからインスパイアする主体、美しくなる主体がまず必要です。主体とはあなたの意志です。持続する意志は自信となり、自信はあなたご自身の人格への自負ともなります。
　人生の半期を世界の美の中心ともいわれるパリに住まいし、パリのマダムやムッシューの心意気を、息づかいがわかるくらいに間近で感じてきて、ようやくそれを「ことば」で表現することができました。

　わたくしは、日本での美容皮膚科のクリニックのメソッドや、コスメの開発にも携わっております。今どきの女性たちが手にしたい美しさの傾向については承知しているつもりです。
　有名人の○○さんソックリの顔になりたい、せめて目や鼻くらい

似せたい、また、１０年前の肌質に戻りたい、同窓会で一番若く見られたい、といった願望です。

　基本的に「他人と比べる」あるいは「過去の自分と比べる」という発想になります。いずれにしても不毛です。ホリゾンタール（横目線）で算段している限り、心豊かな美しさを求める動機とはなりえません。

　人生に目的はなく、目的を求める道程そのものが人生であるともいわれます。それと同じように、「美しいイメージ」に同化するという目的のなかに美しさはなく、「美しくありたい」とか「さらなる高みへと自らを押し上げたい」という意志こそが、結晶の核となって美しさを現実化するのです。

　本書は美容のノウハウ本に分類されるものです。ご存じのように、美容の上位概念は「美」であり、なにを美しいと定義するかという「美学」へ体系化されます——美しくなるために美容をするわけですからね。

　これをしっかり見据えることが肝腎です。目的と手段を誤ってはいけません。極端に言えば、美容をせずとも美しくなることは可能なのです。だからこそ、いい加減に美容に取り組んではいけません。美容には「玉石混淆の情報に惑わされない」という不文律があります。なぜなら、肌は皮膚という、むき出しになった人体の“臓器”であり、誤ったケアをすると、皮膚を痛め、神経を傷つけてしまうことになるからです。ですからメディアリテラシーを見究める力（知性）をもつことは大変重要なことになります。

　本書では、日本人が陥りがちな誤ったスキンケア法も指摘しています。また——肌も心もアムールのうるおいに満ちたセンシュアルな生活を目標に——カップルマッサージやデリケートゾーンのケアなども、新たな試みとしてご提案させていただきました。きっと“センシュアル・ビューティ（官能美容）”という新しいカテゴリーを

147

生み出す契機になればと思います。

　美しさの表現にはいろいろな手段があります。スタイルや顔の造作、外見・声・香り。表現とは自分の気持ちを相手に伝達することです。──〈意志〉を〈世の中〉に〈伝達〉するのです。

　人間のもつ最たるコミュニケーション・ツールは「ことば」。聖書ヨハネの福音書の冒頭に「はじめに言葉ありき　言葉は神と共にありき　言葉は神であった」とあります。自分の思いが相手にきちんと伝わっているかどうかをめぐって、人はいつも悩み苦しんできました。神にことばを託し、思いが通じれば神の存在を信じました。

　わたくしはことばの力と重さを深く受け止めています。

　そんなわたくしが日本の女性──娘世代からアラフィフくらいまで──の皆様に、専門領域から美しさの表現をアドバイスする機会を頂戴いたしました。

　このエピローグでは、美容そのものからちょっと離れた口吻（物言い）かもしれませんが、美しさにとって最も大切なことを述べさせていただきました。

　この本が、あなたにとって、こころとからだの底から、美しくなられる機縁となるなら、わたくしにとって最高の幸せです。

仲秋の吉日に
岩本麻奈

岩本麻奈（いわもと　まな）

皮膚科専門医。一般社団法人日本コスメティック協会代表理事。コスメプロデューサー。

東京女子医科大学卒業。慶應義塾大学病院や済生会中央病院などで臨床医として勤務後、1997年に渡仏し、美容皮膚科学、抗老化医学、香粧品学、自然医学などを学ぶ。著書に『Dr.Mana のすっぴん肌力』（講談社）、『美の事典』（WAVE 出版）、『日本女性のための本当のスキンケア』（洋泉社）、『生涯恋愛現役』『生涯男性現役』（ディスカヴァー・トゥエンティワン）など多数。

現在は日本とフランスを行き来しながら、ジャーナリストとしても活躍している。公式 HP：www.dr-mana.com

執筆協力◆伊藤彩子
イラスト◆Meiko Paris、Léa Tanaka、いこい

パリジェンヌより綺麗になる！　秘密のスキンケア

2016 年 10 月 21 日　初版第 1 刷発行

著　者　岩本麻奈
発行者　西村正徳
発行所　西村書店
　　　　東京出版編集部　〒 102-0071 東京都千代田区富士見 2-4-6
　　　　　　　　　　　　Tel.03-3239-7671　Fax.03-3239-7622
　　　　　　　　　　　　www.nishimurashoten.co.jp
印刷・製本　中央精版印刷株式会社

©Mana Iwamoto 2016
本書の内容を無断で複写・複製・転載すると、著作権および出版権の侵害となることがありますのでご注意ください。
　　　　　　　　　　　　　　　　　　　　　C0077　　ISBN978-4-89013-753-4

西村書店の好評既刊

世界的ブランド、エルメス家のテーブルマナーが絵本になりました
およばれのテーブルマナー

フィリップ・デュマ 絵と文　久保木泰夫 訳　　定価[本体1300円+税]
B5変型・48ページ

エルメスの4代目社長の息子が、自分の子どもにテーブルマナーを教えるために書いた本書には、食事における振る舞いの基本がイラスト主体で説明されています。ユーモアたっぷりの文とイラストを楽しみながら、正しいテーブルマナーを身につけましょう!

パリジャンの生活を様々な角度から読み解く
パリの街並みと暮らし 知られざる魅力

M・ル・ゴアジウ 文　L・エルツォーグ 絵　前島美知子 訳　定価[本体1900円+税]
B4変型・120ページ

戸建や集合住宅といった住まいのタイプから、さまざまな部屋の造り、通り、広場、メトロ、マルシェ、ブラッスリー、はてはパリジェンヌのバッグまで、パリジャンの暮らしとは切っても切り離せない59のテーマを、細部まで描きこんだイラストとともに紹介。

ページをめくるごとにパリのエスプリを感じる
芸術の都 パリ大図鑑 建築・美術・デザイン・歴史

ペルーズ・ド・モンクロ 著　三宅理一 監訳　　定価[本体6800円+税]
B4変型・712ページ

パリが「ルテティア」と呼ばれていた古代から、中世、ルネサンス、絶対王政、革命、世紀末、モダニズムを経て現在にいたるまでの2千年に及ぶ、美術工芸、建築、都市の歴史を、豊富なカラー図版とともに解説。

国際アンデルセン賞画家、イングペンによる表情豊かな挿し絵。 カラー新訳 豪華愛蔵版！

不思議の国のアリス | # 鏡の国のアリス

ロバート・イングペン 絵
杉田七重 訳
定価[本体1900円+税]
A4変型・192ページ

アリスがウサギ穴に落ちると同時に、読者もまた想像の世界へ。白ウサギや芋虫、帽子屋など、忘れがたいキャラクターとともに、アリスの冒険物語は世界中で愛されつづけています。

ロバート・イングペン 絵
杉田七重 訳
定価[本体1900円+税]
A4変型・192ページ

鏡を通り抜けて、チェスの国へ。アリスはハンプティ・ダンプティやユニコーンたちに出会いながら、チェスの女王になることをめざして進みます。『不思議の国のアリス』の続編です。

西村書店の海外文学

本好きのための物語
囀る魚
さえず

アンドレアス・セシェ
酒寄進一 訳
定価[本体1500円+税]

アテネの書店の扉を開け、内気な青年ヤニスが辿り着いた世界とは？ 現実と虚構と謎とが織り込まれ、読む者を不思議な読後感へと誘うエブリデイ・ファンタジー。

わたしたち、いつまでも親友だよね？
シタとロット ふたりの秘密

A・F・プラーハ
板屋嘉代子 訳
定価[本体1400円+税]

思春期に誰もが通る道を、みずみずしく大胆に描き、オランダで大きな議論を呼んだ作品。

勇気と希望に満ちた旅物語
カシュガルの道

スザンヌ・ジョインソン
中村久里子 訳
定価[本体1500円+税]

1920年代の中国カシュガルと現代のロンドンを舞台に、愛と居場所を求めさまよった女性たちのトラベル・ストーリー。各紙誌絶賛の鮮烈なデビュー小説！

レイチェル・カーソン『沈黙の春』を引き継ぐ!
水の継承者ノリア

エンミ・イタランタ
末延弘子 訳
定価[本体1500円+税]

軍の支配下にある世界で、水を守る使命と、窮乏する村人や親友の間で揺れるノリア。水をめぐるディストピア小説。

北欧発メルヘン＆サスペンス＆ミステリー！
ルミッキ 【全3巻】

サラ・シムッカ　古市真由美 訳
各巻定価[本体1200円+税]

第❶巻 血のように赤く
しなやかな肉体と明晰な頭脳をもつ少女、ルミッキ。高校で血のついた札束を目撃し、犯罪事件に巻き込まれた彼女は、白雪姫の姿で仮装パーティーに潜入する。

第❷巻 雪のように白く
旅先でルミッキは「腹違いの姉」を名乗る女性に出会い、幼い頃の悪夢に悩まされるようになる。彼女の〈家族〉に関わるうちに、カルト集団の企みに気づく。

第❸巻 黒檀のように黒く
こくたん
高校で「白雪姫」を現代版にアレンジした劇を演じることになったルミッキに、不気味な手紙が届き始める。差出人は一体？ ルミッキの過去の秘密も明らかに!